Paul Stapfer

HENRY FIELDING :

LE

GRAND CLASSIQUE

DU ROMAN ANGLAIS

Édition : BoD • Books on Demand GmbH, In de
Tarpen 42, 22848 Norderstedt (Allemagne)
Impression : Libri Plureos GmbH, Friedensallee 273,
22763 Hamburg (Allemagne)
ISBN : 978-2-3225-5649-6
Dépôt légal : août 2024

LE

GRAND CLASSIQUE

DU ROMAN ANGLAIS

HENRY FIELDING.

Fielding est, comme Molière, un de ces auteurs excellens dont le solide génie est fait surtout de bon sens. Un écrivain, un homme éminemment sensé doit être la clarté même :

aucune ombre mystérieuse n'enveloppe l'œuvre ni le caractère de Fielding. Sa vie peut offrir des parties mal connues, elle n'a rien de psychologiquement obscur, et, quant à son style, il est tel qu'on devait l'attendre d'un ami si intransigeant de la lumière qu'il n'admettait point l'existence des prétendues beautés littéraires dont le sens est ambigu. Dans une fantaisie satirique intitulée : *Voyage dans l'autre monde,* il nous montre Shakspeare consulté par deux commentateurs en querelle sur le sens d'un vers d'*Othello* : « Ma foi ! dit le poète, je l'ai bien oublié depuis le temps… Mais rien ne me confond plus que la peine qu'on se donne pour découvrir des beautés obscures dans un auteur. A coup sûr, les beautés les plus belles et les plus utiles sont toujours celles qu'on voit en plein à première vue, et quand deux significations d'un même passage peuvent tenir le moins du monde l'esprit en balance, je mets en fait que ni l'une ni l'autre ne vaut un liard. » Cependant la clarté de Fielding n'est point cette pauvreté spirituelle et morale des natures tellement simples qu'un trait superficiel suffit presque pour les décrire. On s'y est trompé quelquefois, et sa bonne renommée a un peu souffert, comme sa gloire, des définitions et des jugemens sommaires qui sont l'éternelle tentation de la critique. Parce qu'il présente avec Richardson, son grand contemporain, une antithèse naturelle, un contraste bien tranché à beaucoup d'égards, on les a opposés l'un à l'autre trop absolument comme le *réaliste* à l'*idéaliste,* et, afin de rendre l'opposition encore plus frappante, on a rétréci et faussé le caractère du réalisme de Fielding en n'en signalant que les parties plus ou moins grossières et basses au détriment de la belle et large humanité qui le distingue surtout. On n'a pas moins dénaturé l'idée de sa personne morale. Parce que Fielding a vécu d'une vie singulièrement intense, épuisant jusqu'à la lie toutes les jouissances amères, mais aussi toutes les fortifiantes épreuves où l'expérience se forme et où se trempe le caractère ; parce que sa robuste et riche maturité est sortie d'une jeunesse insouciante et dissipée, on l'a tenu pour jeune et fou jusqu'à la fin et on n'a voulu voir que la première moitié de l'image qu'il nous offre d'un homme vraiment complet et de tous points conforme au type normal maintes fois retracé par les philosophes et par les poètes. Parti pris d'autant plus injuste que les seuls ouvrages de Fielding qui aient survécu sont les fruits sérieux de son âge mûr et que toute la folle avoine de sa jeunesse est envolée et oubliée.

Il a paru en Angleterre depuis une dizaine d'années plusieurs travaux sur Fielding, trois surtout qui me serviront de guides principaux dans l'étude que j'entreprends à mon tour : d'abord, un substantiel et savoureux essai de M. Leslie Stephen dans le troisième volume du recueil d'articles qu'il a intitulé : *Hours in a library* ; puis, une magistrale introduction du même auteur à la grande édition de Fielding en dix volumes ; enfin, dans la collection des *English men of letters*, une sobre et précise biographie critique de M. Austin Dobson. À ces trois études récentes, il n'est que juste d'ajouter la très consciencieuse et laborieuse *Vie de Fielding* de Frederick Lawrence, ouvrage plus ancien, mais utile encore, que les derniers biographes me semblent estimer trop au-dessous de sa valeur.

I

Né en 1707, Henry Fielding était un des enfans du général Edmund Fielding qui combattit sous Marlborough, et il descendait d'une famille alliée à l'illustre maison de Habsbourg. Dans le cercle de ses plus proches parens, il nous suffira de nommer sa cousine, la célèbre lady Mary Wortley Montagu, de dix-sept ans plus âgée que lui, et sa sœur Sarah, auteur d'un roman, *David Simple*, pour lequel le grand frère a fait une préface.

Henry Fielding perdit sa mère de bonne heure. Après avoir été confié quelque temps à un pasteur de village, il fit ses premières études à Eton. Ce qu'il est intéressant de noter, à propos de l'éducation scolaire de Fielding, c'est sa remarquable culture classique, fort supérieure à celle des deux romanciers, ses contemporains et ses rivaux, Smollett et Richardson. « Je possède l'italien et le français, dit-il lui-même dans de petits vers adressés à Robert Walpole, j'écris en latin et je lis le grec. « Il le lisait assez pour entreprendre, en collaboration avec un ami, une traduction d'Aristophane dont le commencement seulement fut exécuté. Le savoir littéraire de Fielding ne va pas sans un peu de pédantisme. A tout propos, et quelquefois hors de propos, il aime à faire parade des belles citations dont sa mémoire est meublée. Les moins bonnes digressions du roman d'*Amelia* procèdent d'une complaisance de ce genre. Dans une invocation à la

Muse, qui ouvre le XIIIe livre de *Tom Jones*, l'auteur énumère tous ses grands modèles : « Viens, toi qui as inspiré ton Aristophane, ton Lucien, ton Cervantes, ton Rabelais, ton Molière, ton Shakspeare, ton Swift, ton Marivaux… » De cette liste deux noms surtout sont à retenir, Shakspeare et Cervantes ; c'étaient, entre tous les autres, ses auteurs favoris. Sa profonde admiration pour Shakspeare, l'intime connaissance qu'il a de ses œuvres, méritent bien d'être remarquées dans un siècle dont nous méprisons beaucoup trop le sens critique en littérature ; il est vrai que Fielding ne commente le texte de Shakspeare ni comme les philosophes de l'avant-dernière mode, ni comme les philologues d'aujourd'hui : il le goûte à la bonne et vieille manière, littérairement. Quant à Cervantes, voilà certainement, de tous les grands maîtres de la pensée et de l'art, celui auquel Fielding doit le plus et ressemble le plus ; ressemblance et dette qu'il ne songe pas à cacher et qu'il avoue jusque dans le titre de quelques-uns de ses ouvrages.

Au sortir d'Eton, Fielding avait dix-sept ou dix-huit ans. Il était d'humeur amoureuse et entreprenante, s'il est vrai qu'il tenta d'enlever vers cette époque une demoiselle Andrew. L'insuccès de cette passion lui inspira son premier essai littéraire, une traduction en vers burlesques de la sixième satire de Juvénal. Nous le voyons ensuite à l'université de Leyde, où il commença l'étude du droit et écrivit les premières scènes d'une comédie, qui fut jouée plus tard, *Don Quichotte en Angleterre*. Cependant son père, le général, s'était remarié, lui donnant une suite de frères et de sœurs du second lit, et, selon le cours ordinaire des choses, le fils du premier lit fut négligé. La pension sur laquelle il vivait cessant de lui être servie, il interrompit ses études de droit, quitta Leyde et se rendit à Londres, résolu à se faire par sa plume une existence indépendante.

C'était un géant de plus de six pieds de haut, dont il est assez difficile de reconstituer les traits primitifs d'après le portrait que Hogarth a fait de lui, et de mémoire encore, quand il avait perdu toutes ses dents et touchait à sa fin ; mais nous possédons un autre portrait de Fielding de la main de l'écrivain lui-même, car il n'est pas douteux qu'il a fait allusion à sa propre personne au XIe livre d'*Amelia*, dans cette esquisse du capitaine Booth : « Un nez en trompe d'éléphant, des épaules de portefaix, et les jambes d'un porteur de chaise. « Il avait une santé solide, jusqu'au moment où la goutte, héréditaire dans sa famille et trop favorisée par ses mœurs, vint miner sa constitution ; mais c'est justement alors que sa force de résistance et sa vitalité paraissent admirables. Un de ses traits les plus caractéristiques est l'amour de la vie : entendez par là le goût vif de tous les plaisirs que la vie procure à qui sait en user ; la faculté de jouir du moment présent sans se faire de soucis au sujet du lendemain ; enfin la simple joie de vivre, en dépit de tous les maux et de toutes les calamités qui seraient pour d'autres autant de raisons de haïr la vie et d'aimer la mort.

C'est dans le théâtre que Fielding chercha d'abord sa voie et ses moyens d'existence. De 1728 à 1737, il écrivit une trentaine de pièces en vers et en prose, comédies, farces, satires littéraires ou politiques, traductions de Molière, imitations de Congreve et de Wycherley, dont aucune n'a su prendre et garder sa place au répertoire dramatique de l'Angleterre et que de rares curieux lisent seuls aujourd'hui. Ce n'est pas qu'elles soient ennuyeuses. Swift disait n'avoir ri que deux fois dans sa vie : de l'un de ces deux rires si extraordinaires une pièce de Fielding a eu l'honneur. Mais elles n'ont pas un fond assez original, ni une forme assez élaborée. Productions hâtives de l'industrieuse nécessité plutôt qu'ouvrages de l'art, lady Montagu disait d'elles que l'auteur les aurait presque toutes jetées au feu, « s'il avait pu se procurer viande et pain sans argent, et argent sans écrivailler, » et Fielding avouait lui-même qu'il avait quitté la carrière dramatique à l'âge où, son apprentissage du métier venant seulement de finir, il aurait dû faire ses débuts. Je ne dis rien d'une licence de mœurs et de langage, qui peut constituer aujourd'hui un attrait pour la curiosité de notre érudition, mais qui fut parfois excessive au point de scandaliser le public même de cette époque peu prude. Au surplus, la faiblesse de Fielding dans l'ordre dramatique accuse moins l'insuffisance particulière d'un poète comparé à des poètes meilleurs, que l'infériorité générale du théâtre au XVIIIe siècle en face du roman, qui allait bientôt l'éclipser et devenir la forme la plus importante de l'art littéraire.

Pendant une dizaine d'années, Fielding parcourut la carrière dramatique avec les alternatives ordinaires de succès et d'échecs. Il eut pour interprètes la première actrice du temps, Kitty Clive, et le premier acteur, Garrick. Au nom fameux de Garrick se rattache une anecdote sur la philosophique insouciance avec laquelle Fielding aurait attendu, ses pièces une fois terminées, leur bonne ou leur mauvaise fortune sur la scène. Au courant d'une répétition, le grand comédien avertit le poète qu'il avait peur que le public n'accueillît mal un certain passage : « Au diable le public ! répondit Fielding ; si la scène n'est pas bonne, eh bien ! on s'en apercevra. » La pièce fut jouée et la scène sifflée. Décontenancé par le vacarme, Garrick courut trouver l'auteur au cabaret, où il se régalait avec une bouteille de Champagne pendant que la fumée et le jus de tabac lui sortaient de la bouche ; car Fielding, chose horrible à dire, chiquait. — « Qu'y a-t-il donc, Garrick ? » — « Parbleu ! c'est la scène que je vous avais conseillé de retrancher. Ils m'ont tellement troublé avec leurs sifflets que je ne pourrai pas me remettre de toute la soirée. » — « Bon ! dit Fielding reprenant sa pipe, c'est comme je vous disais : ils s'en sont aperçus. »

En 1736, Fielding devint, pour une courte saison, directeur de troupe. Deux comédies politiques, *Pasquin* et *le Registre historique pour l'année 1736*, où le gouvernement de Robert Walpole était satirisé, mirent brusquement fin à sa carrière dramatique. Un projet de loi fut présenté au parlement pour restreindre le nombre des théâtres et soumettre toutes les pièces à la censure du lord chambellan ; loi votée sans délai par les deux chambres, malgré l'opposition qu'y fit dans celle des lords, au nom de la liberté de la presse, le comte de Chesterfield, à qui Fielding avait précédemment dédié sa comédie de *Don Quichotte en Angleterre*. Il y a dans le discours de lord Chesterfield un passage qui est d'une bien jolie impertinence : « L'esprit, milords, est une sorte de propriété ; c'est la propriété de ceux qui en ont, et, trop souvent, c'est la seule sur laquelle ils puissent assurer leur vie. Assurance fragile, je l'avoue ! Grâce au ciel, nous autres lords nous avons, pour vivre, des ressources d'un genre tout différent, ressources bien autrement solides, et c'est pourquoi nous ne pouvons pas nous sentir personnellement atteints par la loi qui nous est soumise ; mais c'est notre devoir d'encourager et de protéger l'esprit chez les autres, l'esprit partout où il y en a. »

Toute la jeunesse de Fielding, et, il faut ajouter, la plus grande partie de son âge mûr, nous offrent l'aspect débraillé d'une véritable vie de bohème. Cela dit une fois et bien entendu, le point délicat est de rendre justice à l'honnêteté relative d'une morale assurément fort lâche, mais qui avait pourtant des principes et qui prétendait même poser à la licence certaines limites très précises. Un personnage de la comédie du *Jour de noces*, qui semble jouer dans cette pièce l'éternel rôle des Aristes et des Thévenins, s'adresse en ces termes sévères au galant d'une femme mariée : « Quel droit as-tu donc d'attaquer et de détruire le bonheur d'un autre ? Quoique la honte puisse d'abord être pour le mari, elle ne reste pas à lui seul, et la femme est toujours exposée au déshonneur et à la ruine. Quant au galant, qui mérite le plus le blâme, c'est lui qui est le plus sûr d'y échapper. — Ouais ! tu ne vas pas devenir un hypocrite, j'espère. Prétends-tu que ta vie soit conforme à cette doctrine ? — Ma pratique n'est peut-être pas, je l'avoue, toujours conforme à ma théorie ; *mais je prétends pécher en faisant aux autres le moins de mal que je puis*. Et voici ce que j'ose affirmer, la main sur la conscience : jamais je n'ai séduit une jeune fille pour sa perte, ni une femme mariée dont j'aurais risqué de mettre le mari au désespoir. Maintenant, je sais que tu as un bon cœur et que tes imprudences ne viennent que de ce que tu ne considères pas assez les conséquences de tes actions. » — Voilà la morale expresse de Fielding ; il l'a plusieurs fois déclarée, notamment par la bouche de Tom Jones, le premier de ses héros, et nous pouvons lui faire l'honneur de croire qu'il a voulu lui-même la pratiquer avec une intention sincère. Malheureusement il s'en faut qu'elle soit aussi claire dans l'application qu'elle paraît l'être dans son exposé de principes, et le passage même que je viens de citer contient l'aveu des graves méprises auxquelles on s'expose en la prenant pour règle. Il n'y a d'absolument net en morale que l'impératif catégorique : Fais ce qui est bien ; abstiens-toi de ce qui est mal. S'interdire un péché *à cause de ses conséquences*, c'est une pauvre considération impliquant qu'il pourra y avoir des péchés permis quand ils nous sembleront sans conséquences funestes, et telle est, en effet, la chétive théorie morale de Fielding : — « Je ne prétends pas au don de chasteté, dit Tom Jones ; j'ai commis des fautes avec les femmes, j'en conviens ; mais je n'ai pas conscience d'avoir fait tort à aucune d'elles, et je ne voudrais pas, pour me procurer des plaisirs, être *sciemment* la cause des malheurs d'une créature humaine. » — Très bien ; mais si vous devenez cette cause *insciemment* ? La seule chose que vous sachiez, c'est que vous allez faire mal, et la seule chose que vous puissiez, c'est de vous abstenir ; le reste n'est ni en votre connaissance ni en votre pouvoir. « Bonnes ou mauvaises, une fois commises, nos actions existent ; elles vivent, elles se développent, indépendamment et au dehors de nous comme des enfans échappés à la tutelle domestique et qui souvent ressemblent si peu à leur père qu'au contraire ils se dressent en face de lui, dans sa propre maison, comme une contradiction vivante[1]. » Voilà la vérité, qu'un moraliste autrement grave, élevé et profond que Fielding devait développer avec une admirable éloquence dans un chef-d'œuvre du roman. L'étrange prétention de « pécher en faisant aux autres le moins de mal possible » est une erreur naïve que George Eliot, grande lectrice de Fielding, a notée, j'imagine, avec un beau sourire attristé et plein d'indulgence : « Depuis que je sais additionner, dit le noble Adam Bede, j'ai vu assez clairement qu'on ne peut jamais mal agir sans causer plus de tort et de chagrin qu'on ne saurait le croire. C'est comme du mauvais ouvrage ; vous ne pouvez jamais voir la fin de l'ennui qu'il donne. »

Fielding s'était marié en 1735. Sa femme, miss Charlotte Cradock, possédait, avec une jolie petite fortune de 1,500 livres sterling, toutes les vertus et une beauté accomplie, si l'on s'en rapporte aux portraits enthousiastes que Fielding a tracés d'elle dans *Tom Jones*, sous le nom de Sophie Western, et dans *Amelia*. Personne, d'ailleurs, ne s'est inscrit en faux contre ce témoignage. Le seul point sur lequel plane un léger mystère est le nez de cette demoiselle, qui avait été, paraît-il, endommagé assez gravement dans une chute. Le tendre époux nous jure que l'imperceptible cicatrice du nez d'Amelia ajoutait un je ne sais quoi à ses charmes, pendant que Samuel Johnson, avec sa brutalité ordinaire, dénonce a ce vilain nez cassé, jamais raccommodé. » Les premiers biographes de Fielding ont raconté qu'après son mariage il alla s'établir avec sa femme dans une petite campagne qu'il avait héritée de sa mère et qui lui rapportait environ 200 livres de rente. Là, malgré la bonne résolution qu'il avait prise de mettre un peu d'ordre dans sa vie, son naturel insouciant et prodigue l'emporta : il voulut rivaliser de splendeur avec les squires du voisinage, acheta une meute, une écurie, tint sa table ouverte à tout joyeux compagnon et s'entoura de nombreux domestiques en livrée jaune. Les étoffes et les couleurs jaunes durent peu, il fallait renouveler souvent la livrée ; de sorte qu'en moins de trois ans, Fielding eut dévoré les 1,500 livres de sa femme et son propre patrimoine, qui, avec une sage administration, lui aurait assuré l'indépendance pour tout le reste de sa vie. Les biographes récens ont réfuté, point par point, cette histoire, où ils trouvent des impossibilités matérielles et qu'ils traitent de légende ; mais ils concèdent que le fond en est vrai et que l'insouciante prodigalité de

Fielding reste un fait hors de doute. Cette concession diminue un peu l'intérêt de la réfutation. Les seules légendes qu'il importe absolument de réfuter sont celles qui faussent le caractère des hommes ou des choses. L'historiette des livrées jaunes, « sous toutes réserves » désormais, continuera toujours à être répétée, parce que, réelle ou non, elle est *vraie* et n'a d'autre tort que de prêter trop libéralement la parure d'une image à cette proposition abstraite : Fielding vivait au jour le jour, jetait l'argent et ne comptait pas. Le souci qu'il montra plus tard de l'avenir de sa famille, le sacrifice qu'il fit de sa santé et de sa vie aux devoirs de sa profession n'est pas un argument contre la tradition des dissipations de sa jeunesse ; car c'est le propre des natures ardentes et riches, des exemplaires complets de l'humanité, comme l'était Fielding, de se porter d'abord aux extrêmes et de donner successivement la mesure de tout ce dont l'homme est capable en fait de folies comme en fait de vertus.

II

La loi sur la censure des œuvres dramatiques avait écarté Fielding du théâtre. Après 1737, il ne composa plus que deux ou trois comédies. Le journalisme devint, dès lors, un de ses moyens d'existence. En même temps, quoiqu'il eût trente ans déjà et qu'il fût père de famille, il se remit avec zèle à l'étude du droit autrefois commencée à l'université de Leyde. Il fut admis au barreau en 1740. La même année, un gros événement littéraire vint révéler son génie et ouvrir sa voie véritable à celui que Walter Scott appelle « le père du roman moderne. »

Cet événement était l'apparition d'un roman moral, intitulé : *Paméla ou la vertu récompensée, en une série de lettres familières d'une jeune serrante à ses parens ; publication destinée à fortifier les principes de la vertu et de la religion dans l'âme de la jeunesse des deux sexes.* C'est l'histoire d'une jolie servante, qui, en résistant aux séductions et aux violences de son jeune maître, finit par s'en faire épouser. L'auteur était Samuel Richardson, petit homme sage et froid, ayant passé la cinquantaine, imprimeur de son métier, quoique assez ignorant ; correct, rangé, tenant exactement ses comptes, strict observateur des règles religieuses et de toutes les règles ; sortant peu, bornant ses relations mondaines à un petit cercle de dévotes et de bégueules dont il était l'oracle ; végétarien en outre, buveur d'eau et de thé ; bref, l'opposé de Fielding en tout.

Nous avons bien besoin aujourd'hui de nous rappeler les leçons des maîtres qui nous exhortent à entrer, à force d'intelligence historique, dans le sentiment des siècles passés, pour parler avec une juste modération de cet insupportable ouvrage. Car notre premier mouvement serait de dire que la littérature n'a rien produit de plus niais, de plus prolixe, de plus insipide, de plus écœurant. La forme épistolaire, adoptée par l'auteur, est d'abord une idée absurde. Paméla, emprisonnée par son tyran, soumise à la plus étroite surveillance, passe ses jours et ses nuits à écrire. Quand elle tente de s'échapper, *elle écrit son projet d'évasion.* Craignant qu'on ne mette la main sur son journal, elle en fait un résumé, et Richardson, qui nous a donné l'in-extenso, nous donne aussi le résumé, qui n'est pas court ; mais le résumé pouvait être pris : pourquoi n'a-t-elle pas fait un résumé du résumé ? Naturellement, les lettres de Paméla à ses parens sont toutes interceptées par le jeune seigneur, qui les lit, qui y voit le récit de ses entreprises scélérates, et *qui les envoie à leur adresse* ! Deux tentatives de viol (racontées, comme tout le reste, par Paméla elle-même) sont décrites avec un réalisme cruel, avec un luxe de détails hideux qui en font une lecture des plus répugnantes. Et voilà l'immonde goujat, dont Paméla ne parle qu'avec une tendre vénération, qu'elle adore au fond de son cœur et qu'elle rêve pour mari ! Devenue sa femme, elle écrit : « Que Dieu bénisse et récompense le cher, le cher, le bon seigneur qui a ainsi exalté son indigne servante et qui lui a donné dans son sein une place que les plus grandes dames envieraient ! » Elle pardonne tout, elle oublie tout, et sa jolie bouche applique un baiser sur la peau dégoûtante de l'ignoble Mrs Jewkes, qui fut sa geôlière, son bourreau et le vil instrument des plus infâmes desseins ! J'entends bien le bon Walter Scott qui me tire ici par la manche et me dit : « Au siècle dernier, la hiérarchie sociale inspirait aux classes inférieures un sentiment de subordination dont nous pouvons à peine nous faire une idée ; la richesse et le rang, ainsi que l'autorité domestique, étaient l'objet d'un respect qui nous semble aujourd'hui fort exagéré. » Mais le moins qu'on puisse demander au génie, c'est justement d'avoir pour les monstruosités morales de son temps quelque chose du regard de la postérité et de ne point nous donner comme humain et comme naturel ce qui révoltera la conscience de l'avenir. Rien dans toute l'œuvre de Fielding, qui passe pour indélicate, ne choque autant notre sens moral que l'invraisemblable histoire dont l'auteur de *Paméla* a prétendu faire un sujet d'édification.

Le roman de Richardson, avec ses scènes violemment réalistes, avec d'autres scènes d'un genre plus galant où l'on voit le maître de Paméla se baisser et lui demander si elle n'a pas caché ses lettres sous sa jarretière, avec sa moralité de collège où la vertu est soutenue par l'espoir d'un beau prix doré sur tranches, fut acclamé par toute l'Angleterre comme l'Évangile. Un prédicateur le loua du haut de la chaire, d'autres le mirent immédiatement au-dessous de la Bible, et Pope déclara qu'un tel livre ferait plus de bien qu'une multitude de sermons. Quatre éditions parurent en six mois, l'ouvrage fut bientôt dans toutes les mains. Ce prodigieux engouement s'explique jusqu'à un certain point par la charmante surprise que durent causer un genre tout nouveau en littérature et une espèce de talent dont aucun romancier anglais n'avait fait preuve avant Richardson : l'analyse minutieuse des sentimens du cœur. Il n'y en a pas trace chez Defoe, si ingénieux, d'ailleurs, et si divertissant dans ses récits d'aventures imaginaires. Pour la première fois, le public était invité par un maître dans l'art des dissections morales à suivre un cours d'anatomie passionnelle et le démonstrateur ne pouvait pas entrer dans des explications trop détaillées et trop longues pour son auditoire ravi. En France, l'abbé Prévost, Oébillon fils et surtout Marivaux, dans *la Vie de Marianne*, s'étaient déjà distingués par des analyses plus ou moins délicates des mouvemens de la sensibilité ; mais ils furent les premiers à reconnaître la supériorité de Richardson, supériorité qui ne fut, d'ailleurs, pleinement établie qu'après la publication d'un chef-d'œuvre autrement considérable que *Panifia*, l'histoire de *Clarisse Harlowe*.

Fielding vit *Paméla* plutôt avec nos yeux qu'avec ceux des lecteurs de 1740. Il trouva ridicule le roman si vanté de Richardson et conçut le dessein de le parodier. De cette pensée naquirent *les Aventures de Joseph Andrews*, roman comique qui parut en 1742. Joseph est le frère de Paméla. Joli garçon, il est au service d'une grande dame qui devient follement amoureuse de lui, lui fait des avances de plus en plus claires et enfin… saisit son manteau ; mais le chaste Joseph échappe avec sa virginité. Comme les valets de Molière, qu'on voit recommencer pour leur compte la comédie donnée par leurs maîtres, Mrs Slipslop, la femme de chambre, renouvelle sur Joseph, toujours inviolable, l'assaut de sa maîtresse. Mais la parodie s'arrête là. Fielding oublie bientôt ou dédaigne l'intention moqueuse qui a été son point de départ, quoique le roman de Richardson offrit encore d'abondans motifs de caricature, à commencer par l'intimité de Paméla avec son inséparable encrier. L'histoire de Joseph change assez inopinément et devient celle de ses amours pour une humble et pauvre fille nommée Fanny, qu'il finit par épouser après toutes sortes de tribulations et de mésaventures. La parodie ne reparaît qu'à la fin du roman, mais d'une façon bien piquante et bien juste. Paméla, devenue grande dame, conçoit le mépris le plus hautain pour la personne de basse condition que Joseph veut lui donner pour belle-sœur et trouve une énorme différence entre son propre cas et celui de Fanny : « Mon frère, dit-elle, le conseil que mon mari vous donne est un conseil d'ami, et je n'ai pas le moindre doute que ce ne soit aussi l'avis de papa et de maman ; ils auront toute raison d'être lâchés contre vous si vous voulez détruire ce que sa bonté a fait et rabaisser de nouveau notre famille, après qu'il l'a élevée si haut. Vous devriez prier Dieu, mon frère, pour que sa grâce vous assiste contre votre passion, au lieu de vous y abandonner. — Pour sûr, ma sœur, vous ne parlez pas sérieusement ; vous savez bien que Fanny est votre égale. — *Elle était mon égale*, répondit Paméla ; mais je ne suis plus Paméla Andrews ; je suis la femme de ce seigneur, et, comme telle, fort au-dessus d'elle. J'espère que je ne me conduirai jamais avec un orgueil inconvenant ; mais, en même temps, je m'efforcerai toujours de me connaître moi-même et je ne mettrai pas en question le pouvoir de la grâce divine pour me rappeler qui je suis. »

Les parodies trop prolongées finissent par lasser, et Fielding a sans doute bien fait de ne pas soutenir la sienne ; mais il résulte de son changement de dessein que l'unité d'impression manque au roman de *Joseph Andrews*. Le titre complet de l'ouvrage est : *Aventures de Joseph Andrews et de son ami, M. Abraham Adams, imitées de Cervantes, auteur de Don Quichotte.* Le personnage nommé en seconde ligne est le véritable héros de l'histoire. Si *Joseph Andrews* n'est pas, à tout prendre, le meilleur roman de Fielding, s'il ne vaut pas, à beaucoup près, celui de *Tom Jones* pour l'ampleur de l'invention, l'intérêt de l'intrigue, la variété des tableaux et la richesse des idées, le révérend Abraham Adams est considéré à bon droit comme sa création la plus heureuse. L'imitation de Cervantes, ingénument avouée dans le titre, ne diminue en rien l'originalité de ce caractère ; car la figure, le tempérament, les idées, la profession, les goûts, bref, les personnes physiques et morales du ministre nomade et du chevalier errant diffèrent autant qu'il est possible, et ils sont, chacun à sa manière, deux individus complets et vivans. La ressemblance se borne à ceci, qu'ils sont tous les deux les plastrons de toutes sortes de méchantes plaisanteries, — étant, l'un, bâtonné et berné ; l'autre, plongé dans l'eau par de joyeux convives, renversé dans la boue par une troupe de cochons qui lui passent sur le corps, ou déchiré en soutane par une meute que des chasseurs excitent contre ce gibier d'un nouveau genre, — et que, dans les situations les plus ridicules, ils nous restent toujours sympathiques, ne perdant rien ni de notre respectueuse estime ni de notre affection. A une âme d'une enfantine simplicité, d'une pureté angélique, Adams joint un corps d'athlète et un cœur de héros ; son poing puissant, qui assommerait un bœuf, est continuellement levé pour la défense des deux innocens qu'il protège, Joseph et Fanny. Son esprit est un composé délicieux d'ignorance du monde et de science des livres ; il possède sur le bout du doigt la politique d'Aristote, mais il ne sait rien des choses contemporaines et de la gazette du jour. Grand amateur de grec, il a consacré des années à exécuter de sa propre main une belle copie d'Eschyle, dont il ne se sépare jamais, jusqu'à ce qu'il la jette au feu dans un moment de distraction. Si profondes sont ses rêveries, qu'il est capable en voyage d'oublier son cheval dans une écurie d'auberge et de poursuivre sa route à pied, ou encore de se transporter à Londres, de très loin, pour y vendre plusieurs volumes de sermons manuscrits qu'il croit avoir mis dans sa valise et qui sont restés dans son secrétaire.

A l'inverse de Richardson, que sa respectabilité gourmée entêtait de préjugés aristocratiques et glaçait de morgue pharisienne, Fielding, joyeux pécheur, se sentait attiré par l'humanité d'en bas, comme plus humaine et meilleure que l'autre ; de toutes les pages de l'Evangile, celles assurément qui lui allaient le plus au cœur étaient, avec l'histoire du pauvre péager, la parabole du bon Samaritain. Il a refait celle-ci à sa manière dans un chapitre particulièrement remarquable du roman de *Joseph Andrews*. Joseph, attaqué par des voleurs, blessé et dépouillé de tout jusqu'à sa chemise, avait été laissé nu et saignant dans un fossé de la grande route. Un coche vint à passer. Le postillon, entendant un gémissement, arrêta ses chevaux et dit au cocher qu'il y avait sûrement dans le fossé un mort, car il l'avait entendu gémir. « En avant, drôle ! cria le cocher ; voilà une jolie heure pour perdre notre temps à nous occuper des morts ! » Mais une dame curieuse insista pour que l'on vît ce que c'était. Le postillon sauta de son cheval et revint en disant que c'était un homme nu, aussi absolument nu que le jour de sa naissance ! O Seigneur ! s'écria la dame, un homme nu ! Cocher, mon ami, fouette, et laissons-le là. Cependant les hommes étaient descendus, et Joseph les suppliait d'avoir pitié de lui, racontant qu'il avait été volé et tué presque. Volé ! dit un vieux monsieur ; sauvons-nous bien vite ou nous allons être volés, nous aussi. Un homme de loi lit observer qu'il était regrettable qu'on n'eût pas tout simplement passé outre, sans faire semblant de rien, car les voyageurs pourraient avoir l'ennui d'être cités comme témoins ; mais, puisqu'on avait commis la faute d'arrêter le coche, il valait mieux maintenant prendre soin du blessé que de s'exposer, en l'abandonnant, à quelque poursuite de justice encore plus désagréable. L'argument parut décisif ; on tomba d'accord de recevoir l'homme dans la voiture, et le vieux monsieur sourit même à la pensée de toutes les excellentes plaisanteries qu'il allait faire à la dame sur le costume d'Adam et d'Eve, sur les figues et sur les feuilles de figuier. Joseph avança donc ; mais, apercevant une dame *qui le regardait à travers les branches de son éventail,* il refusa catégoriquement de prendre place, à moins qu'on ne voulût bien lui fournir le strict nécessaire pour que la décence ne fût pas trop offensée : « telle était la modestie de ce jeune homme, si parfaitement morigéné par les excellens sermons du pasteur Adams et par le noble exemple de sa sœur, l'immaculée Paméla ! » Les deux messieurs déclarèrent qu'ils étaient enrhumés, qu'ils ne pouvaient pas se priver du moindre chiffon, et l'homme d'esprit ajouta en riant : charité bien ordonnée commence par soi-même. Le cocher, qui avait deux grandes couvertures sur son siège, refusa d'en prêter aucune, de peur des taches de sang, et il est fort probable que Joseph, qui ne voulait pas démordre de sa pudique résolution, serait mort abandonné sur la route, si le postillon (jeune gars *condamné depuis aux galères pour avoir volé un juchoir*) ne s'était lui-même dépouillé du seul pardessus qu'il eût pour se couvrir, jurant avec un grand serment, *dont il fut sévèrement repris par les voyageurs indignés*, qu'il aimerait mieux galoper en chemise toute sa vie que de laisser un de ses semblables dans l'horreur d'une pareille position. Joseph ayant avoué qu'il était presque mort de froid, l'homme d'esprit demanda à la dame si elle n'avait pas un peu de sa fameuse eau-de-vie à son service : elle répondit avec aigreur que cette question était du plus mauvais goût et que jamais elle n'avait trempé ses lèvres dans aucune liqueur forte. A ce moment, le coche tut attaqué. Un brigand, braquant son pistolet contre les voyageurs, leur demanda leurs bourses, qu'ils s'empressèrent de donner, et la dame, dans son épouvante, livra aussi un petit flacon d'argent, de la capacité d'une demi-pinte, que le brigand porta à sa bouche et but à sa santé en jurant que c'était bien la meilleure eau-de-vie qu'il eût jamais goûtée. Mais la dame assura ensuite à toute la compagnie que c'était une erreur de sa femme de chambre, à qui elle avait ordonné de remplir le flacon avec de l'eau de Cologne.

Le roman de *Joseph Andrews*, si amusant, si sain et si vraiment moral, eut du succès, mais un succès moindre que l'œuvre déclamatoire, au ton faux, aux sentimens souvent contre nature, qui en avait été l'occasion. Richardson ne pardonna jamais à Fiel — ding son irrévérence. L'auteur de *Tom Jones* et d'*Amelia*, aussi bien que de Joseph, resta pour lui un écrivain bas et trivial, étranger à la société des honnêtes gens et « qu'on croirait né dans une écurie. » Mais si l'offensé, chose naturelle, n'oublia point l'injure qu'il avait reçue, l'offenseur, chose rare, oublia celle qu'il avait faite. Fielding cite avec déférence l'autorité de Richardson dans la préface de son *Voyage à Lisbonne* ; il loue ailleurs « l'ingénieux auteur de *Clarisse*, » et dans un article sans signature, mais où la critique a reconnu sa main, il écrit : « Peu d'écrivains anciens et modernes ont montré une connaissance aussi profonde de la nature humaine, un pathétique aussi puissant que l'auteur de *Clarisse Harlowe*. Ma sensibilité est si vivement excitée par les deux premiers volumes déjà publiés de ce roman que je ne puis assez dire mon impatience de voir la suite. Sûrement M. Richardson est un maître en cet art qu'Horace compare à celui des magiciens. »

III

Quatorze mois après la publication de son premier roman, Fielding recueillit ses écrits dispersés en trois volumes de Mélanges (*Miscellanies*), 1743. Le premier volume comprenait des poésies de circonstance, composées durant une période de quinze ans, et plusieurs essais en prose sur des lieux-communs de philosophie morale ; dans le second se trouvait, avec deux comédies, la fantaisie satirique intitulée *Voyage dans l'autre monde* ; le troisième était rempli par le moindre de ses romans, qui sont au nombre de quatre : l'*Histoire de la vie de feu M. Jonathan Wild le Grand.*

Le *Voyage dans l'autre monde* offre peu d'intérêt à partir du dixième chapitre ; mais les neuf premiers sont piquans. A côté de fines plaisanteries sur les commentateurs d'Homère, de Virgile et de Shakspeare, ils nous font savourer dans toute son humanité charmante l'évangile moral de Fielding, dont le premier précepte est : Sois bon. Minos, devant la porte des Champs-Elysées, écoute et juge les prétentions que chaque arrivant de la terre fait valoir pour en franchir le seuil. J'ai dépensé, dit un riche, beaucoup d'argent pour un hôpital. — Ostentation pure, dit Minos en le repoussant. Un dévot représenta qu'il avait régulièrement fréquenté le culte et rigoureusement observé le jeûne, que les vices du prochain avaient toujours encouru de sa part la plus sévère censure, et que, pour lui, il n'avait sur la conscience ni ivrognerie, ni débauche avec les femmes, ni aucun genre d'excès. « J'ai déshérité, ajouta-t-il, mon fils pour avoir fait un bâtard. — Vraiment ? dit Minos. Eh bien ! retourne sur la terre et commence par faire un bâtard toi-même. Un coquin si dénaturé ne passera jamais le seuil. » Un poète dit au juge qu'il pensait que ses œuvres parleraient pour lui. « Quelles œuvres ? demanda Minos. —

Mes œuvres dramatiques, reprit l'autre, qui ont fait tant de bien aux hommes en montrant la vertu récompensée et le vice puni. — Très bien, dit le juge. Attends un peu ; la première personne qui passera la porte grâce à tes œuvres, te l'ouvrira du même coup. » Ici le poète fit la grimace et représenta qu'indépendamment de ses œuvres dramatiques il avait fait encore quelques bonnes actions d'un autre genre : par exemple, il avait cédé à un ami tout l'argent d'une représentation à bénéfice, le sauvant ainsi, lui et sa famille, d'une ruine inévitable. « Eh ! que ne le disais-tu tout de suite ? fit Minos en lui ouvrant la porte ; si tu avais commencé par là, tu pouvais te dispenser de parler de tes pièces. — Cependant, mes pièces… — Allons ! assez de bavardage. » Quatre ombres, le père, la mère et les deux enfans informèrent le juge qu'ils étaient morts de misère et de faim. Ce n'était pas faute de travail et d'honnêteté ; mais la maladie avait un jour réduit l'homme à l'inaction. « C'est parfaitement exact ! s'écria une ombre à l'aspect grave, qui se tenait tout près. Je sais le fait ; car ces pauvres gens étaient de ma paroisse. — Alors, vous étiez leur pasteur, je suppose ? dit Minos. J'espère, monsieur, que vous aviez une bonne cure. — Oh ! bien peu importante, répondit le ministre ; mais j'en avais une autre, d'un peu plus de valeur. — Très bien, dit Minos. Qu'on laisse entrer ces pauvres gens. » Le ministre ouvrait la marche d'un pas majestueux, quand Minos le prit par l'épaule et le fit pirouetter sur ses talons en disant : « Pas si vite, docteur ! vous avez besoin de faire encore un petit tour dans l'autre monde ; car, sans la charité, personne ne franchira cette porte. » Vient enfin le tour de Fielding. « Je confessai que je m'étais adonné trop librement au vin et aux femmes dans ma jeunesse ; mais j'ajoutai que je n'avais jamais fait de mal à aucune créature, ni évité une occasion de faire du bien ; que les seules vertus auxquelles je prétendisse étaient la philanthropie, qui embrasse tous les hommes, et l'amitié, qui en distingue quelques-uns. Je continuais mon discours quand Minos m'ordonna de me taire et m'ouvrit la porte, en m'avertissant de ne pas trompeter si complaisamment mes vertus. »

Jonathan Wild le Grand est l'apologie ironique, un peu dans la manière de Swift, d'un fameux criminel de ce nom qui avait couronné, en 1725, par son élévation à la potence une longue carrière de vols et d'assassinats. Dans l'échelle morale de Fielding, la vertu suprême est la bonté ; sans bonté, il n'y a point de grandeur véritable. Cependant, le monde donne le nom de grands à certains hommes, fléaux de l'humanité, dont toute la grandeur est d'avoir commis, dans de plus vastes proportions, des violences et des perfidies de même nature que celles qui conduisent les criminels au gibet. L'identité évidente de ces scélérats couronnés avec son héros est la pensée inspiratrice et comme le refrain de l'œuvre de Fielding. Elle compte beaucoup de bonnes pages et quelques scènes excellentes ; mais elle pèche par une monotonie un peu tendue et par l'impression totale qu'elle nous laisse d'un certain défaut d'affinité entre le génie de l'auteur et le singulier sujet de son choix. Fielding n'est pas un *humoriste*, au sens propre du mot ; solidement sensé, comme Molière et comme tous les *classiques*, il n'avait pas l'esprit assez paradoxal, la raison assez à l'envers, pour donner au panégyrique d'un gibier de potence la saveur acre et forte que Swift, son grand modèle, aurait su y répandre. Rien que dans l'opuscule de Swift intitulé : *Conseils aux domestiques*, il y a des choses, je ne dis certes pas plus justes et plus saines, mais plus mordantes et de plus haut goût que dans tout le volume de Fielding. C'est que Satan inspirait à Swift des idées naturellement patibulaires qui, venant de la cuisine même du diable, étaient sûres au moins de n'être jamais fades. Le bon Fielding n'a pas cette perversité. Il croit à la bonté des hommes en général, et, sans se lasser, il proclame cette foi qui le console et le rend heureux. Il tient expressément à nous dire que son coquin et la catégorie de grands criminels dont il est le symbole sont des exceptions rares et monstrueuses. Il distingue la vraie grandeur de la fausse avec un soin attentif et judicieux qui rappelle celui de l'auteur du *Tartufe* insistant prudemment sur l'abîme qui sépare l'hypocrisie religieuse de la dévotion sincère. L'épisode de l'honnête Francœur est, dans l'histoire de *Jonathan Wild*, le rayon de soleil destiné non-seulement à l'utilité esthétique de faire mieux ressortir l'ombre par le contraste, mais surtout à l'utilité morale d'encourager dans nos âmes l'espérance fortifiante au triomphe définitif du bien. Ces précautions méritent toute notre reconnaissance ; mais un humoriste de la grande école satirique ne nous aurait pas ménagés ainsi : il aurait affirmé hardiment l'identité profonde du héros de Newgate et de Tyburn avec l'humanité moyenne.

De 1743 à 1749, année de la publication de Tom Jones, Fielding ne fit rien paraître d'important, et l'histoire de sa vie est celle d'une lutte obscure et pénible contre l'adversité sous toutes ses formes. Il était pauvre, il travaillait avec plus de courage que de goût à se faire comme avocat une position assurée et lucrative ; mais ses ennemis s'acharnaient à lui attribuer, au grand préjudice de sa carrière, d'injurieuses satires anonymes contre les gens de loi. Sa santé était profondément ébranlée par la goutte. Il avait perdu une fillette qu'il adorait, et bientôt il perdit sa femme, ce qui fut le plus grand chagrin de sa vie, un chagrin tel que ses amis craignirent pour sa raison.

Quatre ans après la mort de sa femme, Fielding épousa sa servante. Il est plaisant de voir l'auteur de *Joseph Andrews* imiter en se mésalliant le héros du roman de Richardson, et l'histoire prétend même que ce genre de mariage avait été mis à la mode par *Paméla*. Lady Montagu, la spirituelle cousine de Fielding, va nous donner l'explication la plus équitable de sa conduite : « Ses biographes, écrit-elle, ont paru embarrassés d'avoir à dire qu'après la mort de sa charmante femme, il épousa la servante de celle-ci. Et pourtant cette action ne l'ait point honte à son caractère autant qu'il peut sembler d'abord. La servante avait peu de charmes personnels, mais c'était une excellente créature, toute dévouée à sa maîtresse, qu'elle aimait à tel point que sa mort faillit lui briser le cœur. Fielding, dans les premiers transports de sa propre douleur, voisine de la démence, ne trouva pas d'autre soulagement que de pleurer avec cette fille, ni d'autre consolation, quand il fut devenu un peu plus calme, que de causer avec elle de l'ange qu'ils regrettaient tous les deux. Il s'habitua ainsi à la prendre pour confidente et pour amie, et, avec le temps, il en vint à penser qu'il ne pourrait pas donner à ses enfans une mère plus tendre, ni s'assurer pour lui-même d'une ménagère et d'une gouvernante plus fidèle. C'est du moins ce qu'il a dit à ses amis, et il est certain que la conduite de cette personne devenue sa femme a pleinement justifié la bonne opinion qu'il en avait. »

En 1745, le débarquement du prétendant Charles-Edouard fournit à Fielding une occasion de prouver son zèle au gouvernement du roi George. Pendant trois ans il fit, dans deux journaux, une campagne active contre les jacobites. Il obtint en 1748 l'emploi de juge de paix pour Westminster, puis pour Middlesex. Il devait cette place à lord Lyttelton, qui l'avait pris en amitié et qui l'assista de sa bourse et de ses encouragemens pendant qu'il composait Tom Jones, comme nous l'apprend la dédicace profondément reconnaissante qu'on lit en tête de ce chef-d'œuvre.

IV

Tom Jones, Histoire d'un enfant trouvé, appartient comme *Gil Blas,* comme *Don Quichotte,* comme *les Fiancés,* au petit nombre de grands romans dont l'immortalité n'est pas seulement nominale, mais réelle, en ce sens que tout individu qui sait lire les a lus ou les lira. La perfection de la forme, plus difficile qu'ailleurs dans ces ouvrages de longue haleine, n'est heureusement pas une condition nécessaire de leur succès durable ; car *Tom Jones*, quoi qu'en ait dit Coleridge, n'est point une composition parfaite. Il s'y trouve, comme dans presque tous les romans anglais, une proportion trop forte de longueurs inutiles. On se sent un peu plus embarrassé pour critiquer la licence fréquente que prend l'auteur d'interrompre le récit pour discourir en son nom personnel ; car il doit évidemment à l'abondance et au laisser-aller de ces causeries avec le lecteur la bonhomie charmante de sa physionomie. Suivant l'heureuse expression de George Eliot, « il roule son large fauteuil sur le devant de la scène et se met à babiller avec nous dans toute la robuste aisance de sa belle prose anglaise. » Il est très vrai, et c'est l'essentiel, que Fielding reste aimable en dépit de tout. Son excellente éducation classique le préserve des grâces affectées qui rendent certains humoristes si insupportables. Cependant on nous permettra de dire que, si son « babil » ne nous agace jamais, il n'est pas toujours très intéressant, véritable babil en ce point, et même de trouver que le grand écrivain dépasse quelquefois la mesure d'une juste complaisance pour lui-même et se regarde un peu trop écrire. Malgré la pudeur qu'on éprouve à se séparer des juges les plus compétens, j'oserai avouer tout bas que je ne puis partager l'extrême admiration de la critique anglaise pour les dix-huit prologues des dix-huit livres de *Tom Jones*. Sans parler de la petite épreuve qu'ils font subir à la patience du lecteur avide de connaître la suite de l'histoire, ils me semblent, pour la plupart, assez insignifians. Ils se composent, en majeure partie, des lieux-communs d'une morale et d'une esthétique plus solides que piquantes et plus sensées qu'originales. L'auteur insiste beaucoup (je ne sais pas pourquoi) sur la peine que lui ont coûté ces prologues, « plus difficiles à écrire que tout le reste de son œuvrè : » on s'en aperçoit trop, et ils ressemblent un peu à des pensums que le joyeux conteur se serait volontairement et bien inutilement imposés. Inutilement ? je me trompe, puisque cet effort a servi sa gloire. Par un vieil artifice qui réussit presque toujours, Fielding a désarmé d'avance la critique en se critiquant le premier. Quel pédant oserait reprocher à ses prologues leur superfluité, leurs lenteurs, leur défaut d'appropriation spéciale aux livres qu'ils précèdent, puisque l'auteur lui-même confesse tout de bonne grâce ? Mais si Fielding se fait, en homme habile, quelques petites critiques, il s'adresse surtout de grands complimens, et à force de répéter qu'il est le fondateur d'un genre nouveau en littérature, que pas un romancier avant lui n'avait pris la nature pour modèle, il a réussi à en convaincre le monde un peu plus que cela n'est strictement vrai.

M. Brunetière a remarqué que cette prétention d'inaugurer dans le roman le règne de la nature est affichée partout, principalement à partir de Richardson et de Jean-Jacques, et, même auparavant, il la découvre jusque sous la plume de Crébillon fils. On pourrait étendre presque indéfiniment le champ de cette remarque, circonscrite au roman par celui qui l'a faite, et l'on en viendrait bientôt à se demander si, dans quelque genre que ce soit, l'imitation de la nature n'a pas été toujours le mot d'ordre de tous les artistes. Pour ne pas remonter plus haut que notre grand Corneille, il a voulu être et, sans aucun doute, il a été naturel et vrai en comparaison de ses prédécesseurs, mais non pas en comparaison de Molière et de Racine, qui lancent précisément contre lui l'éternel appel à la nature. Voltaire a pu se flatter, non sans raison, d'être, par certains progrès qu'il a fait faire au drame, plus fidèle à la réalité que Racine. Le romantisme, qui nous semble aujourd'hui si peu naturel, crut être et fut en effet, dans une mesure considérable, une restauration de la nature de plus en plus absente des formes conventionnelles de l'art classique ; mais les réalistes de l'école de Balzac montrèrent aux romantiques qu'ils idéalisaient faussement la nature et qu'eux seuls savaient l'imiter, jusqu'au jour où un naturalisme nouveau, plus large et plus humain, vint à son tour apprendre aux réalistes de la première manière que leur prétendu naturel n'était que l'affectation systématique de peindre exclusivement les laideurs de l'humanité, et que cette représentation même, ils la dénaturaient par leur ironie superficielle ; car la sympathie seule et l'amour sont capables d'aider le poète à descendre jusqu'au fond de certains abîmes où la nature, si infime et si abjecte qu'elle paraisse, est encore digne d'intérêt.

Sous la réserve de cette remarque importante, la prétention de Fielding est fondée. Il a, en général, exactement observé la nature, et, à cet égard, il fait époque, il ouvre une ère nouvelle dans l'histoire du roman. Presque tous les personnages de *Tom Jones* sont moralement vrais, et plusieurs même sont bien *vivans*. Dans l'invention des faits, si l'on écarte comme une superfétation pure et simple l'histoire de l'Homme de la Montagne, regrettable concession à l'imagination romanesque du XVIIIe siècle, on trouvera que l'auteur suit la nature aussi, bien qu'il se permette un peu trop souvent ces occurrences naïves et extraordinaires qu'à la rigueur la réalité peut offrir, mais que les réalistes scrupuleux dédaignent comme peu conformes au cours accoutumé des choses. La composition de cet amusant ouvrage, imparfait seulement parce qu'il est trop long, est une merveille d'adresse et d'ingéniosité ; pas un lecteur de *Tom Jones* n'a pu deviner, avant la fin, de qui l'enfant trouvé était fils, et pourtant, quand le mystère de sa naissance se débrouille, tous les faits antérieurs s'éclairent d'une lumière qui explique l'histoire dans chaque détail et nous la fait paraître la plus naturelle du monde. La multiplicité des personnages, la variété des tableaux et des scènes, si étrangères à nos habitudes françaises de concentration et qui font différer les romans des deux peuples de la même manière que leurs théâtres, n'empêchent pas le héros et l'héroïne, Tom Jones et Sophie Western, d'occuper toujours le premier plan.

Le comique de Fielding est d'une qualité tout à fait supérieure ; au lieu de paraître sortir avec plus ou moins d'effort de son esprit et de son imagination, comme celui des humoristes, on dirait qu'il jaillit naturellement des situations et des caractères, comme celui de Molière et de tous les grands maîtres. On rit encore, et fréquemment, à la lecture de *Tom Jones*, succès bien rare pour un romancier plus que centenaire et sur lequel ni l'auteur de *Gargantua* ni même celui de *Don Quichotte* ne peuvent beaucoup compter aujourd'hui. Il serait sans doute difficile de citer, dans quelque livre que ce soit, un récit plus divertissant que l'avalanche d'événemens qui se précipitent les uns sur les autres dans l'auberge d'Upton, où Tom et Sophie, en fuite tous les deux, logent sous le même toit sans se rencontrer pendant que le fragile amant se rend coupable d'incontinence et d'infidélité envers sa maîtresse. Au comique, largement répandu dans tout l'ouvrage, se mêle une dose de pathétique suffisante pour qu'il soit impossible de confondre l'auteur avec ces esprits secs que rien ne touche et n'attendrit. La sensibilité de Fielding est discrète et réelle. Une ou deux fois, particulièrement dans les scènes dont Mrs Miller est le centre, on peut trouver qu'elle frise un peu la sensiblerie pleurnicheuse, la philanthropie déclamatoire du XVIIIe siècle ; mais ce n'est qu'une très légère atteinte et elle reste, à tout prendre, saine, robuste et virile. La prose de Fielding est une des plus belles de la littérature anglaise ; elle a la clarté, la correction, l'ampleur et la cadence classiques. Le style poétique qu'elle affecte peut-être un peu trop souvent n'est qu'une parodie, dont l'utilité, dans les meilleurs passages, est de relever la trivialité de certaines scènes en les racontant sur le ton de l'ode ou de l'épopée : tel est surtout le récit homérique du combat des femmes dans le cimetière. Grâce à ce procédé spirituel, les coups et les horions peuvent pleuvoir de tous côtés dans *Tom Jones* sans que le lecteur ait l'impression choquante d'un monde lourdement violent et brutal. Les personnages grossiers, ou plutôt le personnage grossier, car il n'y en a qu'*un*, le squire Western, parle grossièrement, c'est naturel ; mais, de son propre chef, Fielding n'est jamais grossier, et l'on se ferait une idée absolument fausse de son style si on allait croire qu'il recherche les gros mots affectionnés par certains réalistes.

Il est, intentionnellement et de la façon la plus expresse, un moraliste. Il l'est même avec tant d'insistance qu'on pourrait lui reprocher plus justement des tendances trop didactiques que l'oubli du point de vue moral. Dans sa dédicace à lord Lyttelton, il se pose en apologiste de la vertu et de la religion ni plus ni moins que si c'était Richardson lui-même qui parlât. La morale de *Tom Jones* est que le péché (et ici il s'agit surtout de celui de la chair) ne peut jamais être commis sans qu'il en cuise à son auteur ; à chaque chute nouvelle, le héros se crée de terribles embarras et des remords amers. Cette morale est nette comme celle d'une fable d'Esope. Mais la fable peut être moins pure que la morale. Un conteur qui, dans sa conclusion, enseigne la vertu, nous y conduit souvent par des chemins dangereux qui sont une leçon de vice. « La morale de la plupart des pièces et des romans, a dit Walter Scott dans une juste et magnifique image, est comparable au mendiant qui boite à la suite d'un brillant cortège et sollicite en vain l'attention des spectateurs éblouis. » Il est clair que Fielding ne saurait échapper au reproche encouru par tous les écrivains qui ont représenté les défaillances de la vertu et qui, par ce fait seul, ont mis sous nos yeux un exemple qui peut devenir séducteur ; mais il y a une certaine gaîté mâle et saine qui est la meilleure sauvegarde des mœurs, et l'on peut appliquer à Fielding ce que M. Meilhac a dit de notre excellent Labiche avec tant de vérité : « Il n'est pas immoral, parce qu'il n'est pas sentimental. »

Il importe beaucoup d'ajouter que Fielding a de la religion : « Je suis réellement chrétien, » dit quelque part Tom Jones, et il faut prendre soigneusement note de cette déclaration ; car le héros emploie parfois un langage qui, pour le lecteur non averti, semblerait différer à peine de celui du tartufe Blifil. Nos esprits se sont tellement compliqués et raffinés que les états intellectuels et moraux les plus simples sont devenus aujourd'hui ceux que nous avons le plus de peine à comprendre ; parce qu'il a un peu émancipé la chair, Fielding n'est pas pour cela un *libertin* : il est théiste, il est chrétien même, comme tant d'honnêtes pécheurs, qui n'ont pas la prétention de vivre en petits saints, mais qui comptent bien racheter à temps leurs fautes par la repentance, par quelques vertus et se mettre en règle avec le ciel.

Chez un grand nombre de personnes, la haine déclarée de l'hypocrisie religieuse n'est qu'une secrète aversion pour la religion elle-même ; elles se rendent ainsi coupables les premières d'une offense à la sincérité et leur satire perd de sa force. Celle de Fielding conserve toute la sienne, parce qu'il est à l'abri d'un pareil soupçon. L'hypocrisie est, par-dessus tout, l'objet de son horreur ; c'est pour lui la seule faute à laquelle il soit impossible de faire grâce. Et la sincérité est, au contraire, la vertu par excellence, la vertu presque unique, puisque c'est la seule qui établisse une différence entre les pécheurs, c'est-à-dire entre les hommes. Tout péché qu'on avoue est effacé par cet aveu : voilà une doctrine chère à la morale généreuse et abandonnée de Fielding. Il n'a de sévérité que pour le vice qui se dissimule honteusement dans une ombre lâche et menteuse, ou qui fait du mal au prochain. Hors de l'hypocrisie et de la méchanceté, il y a donc pour tous les bons vivans salut facile et abondance de pardon.

Telle était la haine de Fielding pour les hypocrites, qu'elle lui aurait, dit-on, fait perdre son sang-froid et une partie de ses moyens quand il a voulu les représenter. Blifil, le jeune tartufe, est une incarnation de l'hypocrisie absolue, qui a toute la clarté logique des abstractions à la mode de France, mais que la critique anglaise trouve un peu en dehors des conditions de la vie. L'inconsistance de la nature humaine pour le mal comme pour le bien est sans doute la plus précieuse des vérités morales entre les mains d'un romancier habile, trop raisonnable, d'ailleurs, pour oublier la grande règle d'Horace sur l'unité fondamentale qui demeure la première loi des caractères. Des tempéramens délicats de ce genre rendent de l'intérêt à certaines figures qui seraient sans cela peu intéressantes, telles que Black George, le garde-chasse.

Black George s'est approprié un billet de cinq cents livres que Tom Jones a perdu et qu'il sait fort bien lui appartenir. Quelque temps après, Sophie le charge de remettre à Tom une bourse contenant 16 guinées : « Black George, ayant reçu la bourse, se mit en marche vers le cabaret ; mais, en chemin, il se demanda s'il ne ferait pas bien de garder aussi cet argent. À cette idée, pourtant, sa conscience prit l'alarme et lui reprocha son ingratitude envers son bienfaiteur. Mais la cupidité repartit que la conscience aurait dû faire ses réflexions plus tôt quand il avait privé le pauvre Jones de ses 500 livres ; qu'ayant donné sans difficulté son consentement dans une affaire bien autrement importante, c'était une absurdité à elle, *pour ne pas dire une hypocrisie manifeste*, d'affecter des scrupules pour une bagatelle. À quoi la conscience, comme un bon avocat, essaya de répondre en distinguant entre une déloyauté positive, comme ici où l'argent avait été confié, et le simple fait de cacher ce qu'on avait trouvé, comme dans le premier cas. La cupidité aussitôt tourna cette réplique en ridicule, dit que c'était une distinction, mais non une différence, et soutint formellement que, lorsqu'une fois on avait abandonné, dans un seul cas, quel qu'il fût, toute prétention à la vertu et à l'honneur, il n'y avait pas d'exemple qu'on y fût revenu dans une seconde circonstance. Bref, la pauvre conscience aurait été certainement battue dans la discussion si la peur n'était venue à son secours et n'eût représenté avec force que la distinction vraie entre les deux actions ne consistait pas dans le plus ou moins d'honneur, mais dans le plus ou moins de sécurité ; que s'approprier les 500 livres ne faisait pas courir un grand risque, tandis que retenir les 16 guinées, c'était s'exposer à un extrême péril d'être découvert. Avec l'aide amicale de la peur, la conscience finit par remporter une victoire complète dans le cœur de Black George, et, *après lui avoir fait quelques complimens sur son honnêteté,* elle le força de remettre l'argent à Tom. »

Comme cela est finement observé et analysé ! Madame Honneur, la femme de chambre de Sophie, examine de même la question de savoir si son intérêt est de trahir sa maîtresse. Ce n'est pas une méchante femme et je crois bien qu'elle aime Sophie ; mais cela ne l'empêchera pas d'entrer un jour, par intérêt, au service de sa plus mortelle ennemie, et c'est ainsi que font toutes les femmes de chambre et bien des créatures dont on dit pourtant qu'elles sont humaines. Comme il ressemble encore à l'homme que nous connaissons tous, ce jeune Nightingale, bonne et faible nature, capable d'abandonner une pauvre fille qu'il a rendue mère, mais capable aussi de l'épouser, pourvu qu'un brave cœur, ayant sur lui de l'ascendant, le pousse à cette action réparatrice et surtout ne le lâche pas que la cérémonie ne soit faite ! M. Dowling, l'homme de loi, s'indigne vertueusement à l'idée qu'on puisse le croire capable de suborner des témoins : « Je ne voudrais pas, monsieur, que votre Honneur pensât que, pour rien au monde, je fusse capable de suborner des témoins ; mais il y a manière et manière de faire une déposition. J'ai simplement dit à ces hommes que, si on leur faisait quelque offre d'argent de l'autre côté, ils eussent à la refuser, et que, du nôtre, ils ne perdraient rien à être honnêtes gens et à dire la vérité ; *qu'on nous avait, raconté* que M. Jones avait été l'agresseur, et que, puisque c'était la vérité, ils devaient la dire, leur donnant encore à entendre qu'ils n'y perdraient rien. » Le roman de Tom Jones est tout un monde où passent une multitude de figures, dont la plupart sont prises ainsi sur le vif et fixées par quelques traits inoubliables. Ce cachet de vérité et de vie imprimé sur les personnages secondaires est peut-être le signe le plus authentique du génie créateur chez un romancier.

Parmi les personnages principaux, on s'accorde généralement à trouver que M. Allworthy, le père adoptif de Tom Jones, est un dessin correct, mais un peu froid. Fielding a cependant tracé cette noble figure avec une vénération profonde qui l'honore d'autant plus qu'un si beau caractère lui a été, dit-on, inspiré par un souvenir plein de reconnaissance envers Ralph Allen et lord Lyttelton, ses bienfaiteurs ; mais il avait à montrer dans M. Allworthy la miséricorde se subordonnant à la justice, et c'est une relation qu'il lui était impossible de peindre sympathiquement, parce qu'elle était trop contraire à sa propre morale, où la justice doit toujours fléchir devant la bonté miséricordieuse. Un jour, Tom Jones fait grâce et même fait l'aumône à un voleur de grand chemin, novice dans le métier, qui, d'une main tremblante, s'est attaqué à lui : voilà une faiblesse que M. Allworthy n'aurait jamais commise ; il se serait regardé comme coupable envers la société s'il n'avait pas livré le drôle aux gendarmes. Mais Fielding se plaît à faire voir que la pitié et la charité avaient raison ici contre la justice : le voleur se trouve être un honnête père de famille, qu'une affreuse misère a poussé accidentellement dans la voie du crime et que l'aumône généreuse de Tom relève à la fois de la dégradation et sauve d'une mort certaine, lui, ses enfans et sa femme. M. Allworthy veut d'abord être juste, et c'est ce qui le rend injuste ; il n'a pas cru pouvoir pardonner à son enfant d'adoption, calomnié par Blifil, qui veut le perdre. Fielding n'a point réussi, malgré toutes les précautions qu'il a prises, à rendre entièrement vraisemblable la sentence de bannissement sans retour prononcée par cet homme bon et sage contre un garçon qui lui avait donné tant de preuves d'un naturel tendre et généreux, et cela, à l'instigation d'une langue de vipère dont sa ferme intelligence aurait dû connaître la fausseté.

Le célèbre Partridge, quelque vanté qu'il soit, me paraît particulièrement sujet à la critique. Ce personnage est encore une étude d'après Cervantes ; mais cette fois Fielding n'a pas eu l'art de transformer profondément son imitation et de l'élever à la hauteur d'une création vraiment nouvelle, de même prix que l'original. Le pasteur Adams valait presque don Quichotte ; Partridge ne vaut point Sancho Panza. Les bribes de latin qu'il coud à ses phrases n'ont pas le piquant des proverbes du modèle, et sa philosophie est moins savoureuse. Epicurien poltron et gourmand, il fait avec notre héros un certain contraste, mais naturellement beaucoup moins complet que le gros Sancho sur son âne avec le chevalier de la Triste Figure. Sa personne même n'est pas nette, et notre imagination ne le voit pas distinctement. Nous ne parvenons point à reconstituer, à travers tous les métiers qu'il a faits, l'unité physique et morale de cet ancien maître d'école, presque assommé un jour par sa femme, puis exilé par une nouvelle erreur de la justice de M. Allworthy ; voyageant de lieu en lieu pour gagner sa vie et acquérant, on doit le supposer, à cette école d'un autre genre un peu d'esprit, d'expérience et de savoir ; exerçant, entre autres talens, celui de barbier-chirurgien ; enfin, rencontrant par hasard Tom Jones et s'attachant à ses pas sans un motif suffisant d'affection, de curiosité ou d'intérêt. La scène où Jones le mène au spectacle est délicieuse, et c'est assurément la perle de tout l'ouvrage ; mais le commentaire, adorablement naïf, que Partridge fait de la pièce et du jeu des acteurs ne convient, en vérité, qu'à un enfant ou à un pur produit de la nature, et serait, à ce titre, mieux placé dans la bouche d'un paysan tel que Sancho. L'ignorance d'un maître d'école, quelque profonde qu'on la suppose, doit, je pense, être toujours mêlée d'un peu de pédantisme ; c'est, en tout cas, une ignorance d'une espèce particulière qui ne saurait avoir la moindre analogie avec la charmante ingénuité de l'enfance[2].

Les trois membres de la famille Western : le père, la tante et Sophie, sont parfaits de tous points. Le squire Western représente, avec une intensité de vie incomparable, la déraison de l'homme de premier mouvement, pur animal capable des sentimens communs à l'homme et à la brute, incapable du jugement et du raisonnement qui les distinguent. Veuf, il a au monde deux passions, sa fille et la chasse, ou plutôt la chasse et sa fille ; car, Sophie ayant fui de la maison paternelle, il se précipite à sa poursuite, rencontre un lièvre, prend le change et laisse échapper la demoiselle. Il l'adore d'ailleurs. « Il aime mieux la musique de sa voix que celle de la meilleure meute de toute l'Angleterre ; » mais il l'enfermera brutalement sous clé et la mettra au pain et à l'eau pour la forcer d'épouser Blifil. Il ne faut pas essayer de raisonner avec lui, puisqu'il n'a jamais pu mettre deux idées ensemble. Au digne monsieur Allworthy, qui lui rappelle sa promesse de ne pas employer la violence, il répond avec emportement : « Oui, mais c'était à condition qu'elle obéirait sans ça. Par le diable et le docteur Faust ! est-ce que je ne peux pas faire ce que je veux de ma fille, surtout quand je ne désire que son bien ? » Au curé Supple, qui l'adjure de ne pas la maltraiter, il crie : « Ah ça ! vas-tu pas venir aboyer après moi, toi ! Si tu te mets à jacasser, je vas te faire rentrer à grands coups de fouet tout à l'heure… Est-ce que tu te crois dans ta chaire, ici ? Quand tu y es grimpé, donne-t'en à ton aise ; je ne m'occupe jamais de ce que tu dis. » Le jour où Tom sauve la vie à Sophie, Western, enthousiasmé, lui offre tous les chevaux de son écurie, « à l'exception seulement du Chevalier et de miss Slouch ; » mais, lorsqu'on lui découvre l'amour des deux jeunes gens, c'est plus que de la fureur qu'il éprouve : il reste hébété et stupide, comme un homme qui n'y comprend rien. « Il regardait la parité de fortune et de condition comme un ingrédient du mariage aussi matériellement indispensable que la différence des sexes, et il n'avait jamais craint que sa fille pût tomber amoureuse d'un jeune homme pauvre, non plus que d'un animal d'une autre espèce. » Tom, d'ailleurs, n'a pas laissé paraître le moindre amour pour Sophie : Western s'en serait bien aperçu ! « Est-il possible, lui demande Allworthy, que vous n'ayez jamais discerné aucun symptôme d'amour entre eux, vous qui les avez vus si souvent ensemble ? — Jamais de la vie ! s'écria Western. Tom ne venait pas pour lui faire la cour, il venait pour chasser avec moi. Je ne l'ai pas seulement vu une fois l'embrasser. Loin de lui faire la cour, il n'était jamais plus muet que quand elle était là ; et la petite, elle aussi, était moins civile avec lui qu'avec aucun des jeunes gens qui venaient à la maison. Là-dessus, je ne suis pas plus facile à tromper qu'un autre ; soyez-en convaincu, voisin. » C'est donc Blifil, neveu de M. Allworthy, que Western a résolu d'avoir pour gendre : « Apporte ! apporte ! C'est ça, mon bon chien. Je te dis que tu auras ma fille dès demain matin. » Mais, à la fin du roman, quand la parenté de Tom Jones aura été découverte, c'est à Tom qu'il dira, toujours dans les mêmes termes :

« Cours sus, garçon ! Pille ! pille ! C'est ça, mes petits bijoux. Dieu me damne si tu ne la chiffonnes pas demain soir ! Pas une minute plus tard, j'y suis bien résolu. »

Mrs Western a un profond mépris pour l'ignorance et pour la grossièreté de son frère. Elle a vu le monde, et elle s'en targue. ; c'est une femme politique. Elle se sent un matin « d'excellente humeur, parce que les choses vont bien dans le Nord. » Elle défend son sexe, dans la personne de Sophie, contre toutes les brutalités matérielles du squire ; mais elle n'est pas moins entêtée que lui de préjugés nobiliaires, elle tient l'amour entre époux pour une chose ridicule, et elle prêche éloquemment à sa nièce les doctrines et l'exemple de la bonne société, « où le mariage est pour les femmes ce que les emplois publics sont pour les hommes, simplement ne moyen de faire fortune et de se pousser dans le monde. »

Sophie est un ange, cela va sans dire. Mais, ce qu'il faut remarquer, c'est qu'elle n'a pas du tout la fadeur des anges. C'est une robuste et vaillante fille, pleine de santé, pleine de courage, et elle en a grand besoin pour résister aux mauvais traitemens de son père, aux périls d'une fuite aventureuse et à des violences directes comme celle de l'infâme Fellamar. C'est une forte fille, mais ce n'est pas une virago. Dans la lutte virile qu'elle a à soutenir, dans la grossière conversation d'une brute telle que le squire Western, même dans un accident ridicule dont elle est la victime, l'image de pureté idéale que son nom seul évoque ne reçoit pas la plus légère atteinte. L'extrême délicatesse de sa conscience lui reproche le moindre manquement à la droiture parfaite. Elle aime profondément Tom Jones, mais sans ombre de passion sentimentale, avec autant de raison et de fermeté que de tendresse, et elle est inébranlablement résolue à rester fille toute sa vie, plutôt que de l'épouser sans le consentement de son père.

Notre bon ami Tom est plus *objectionable*. Que l'on songe au scandale que sa chasteté fragile a dû causer en Angleterre, puisque le titre seul du roman choquait la rigide décence d'un Richardson, et que les apologistes de l'auteur ont eu d'abord à le justifier longuement, auprès des gens « respectables, » d'avoir pris pour héros un enfant naturel ! En vérité, des livres comme *Tom Jones* et des écrivains comme Fielding sont un bienfait moral dans un pays où le *cant* s'est tellement insinué partout qu'on en respire avec surprise le parfum jusque sous des plumes très laïques qui n'ont pas été trempées dans l'encrier des sacristies. Presque tous les critiques anglais ont l'air embarrassé pour juger un personnage dont le cas est pourtant fort net et auquel on rendra toute la justice qui lui est due, si on le regarde simplement avec les yeux mêmes de la pure et sage Sophie. Quelques-uns se sont mis en frais d'indignation déclamatoire. Thackeray se démène comme un furieux : « Odieux polisson à large carrure, il m'irrite ! .. Vraiment la vie a eu trop de gâteries et de douces récompenses pour ce jeune sacripant avec sa mine conquérante ! » Ce sacripant a cependant fait quelque bien : il a détourné sur lui le coup qui menaçait de ruine un pauvre garde-chasse ; il a sauvé un homme attaqué par des brigands et une femme qu'on assassinait ; il a rendu, par une aumône sublime, l'honneur à un criminel d'occasion et le pain à sa famille, qui mourait de misère ; il a décidé le mariage d'un jeune riche avec une honnête fille à qui cette réparation était due ; il a pardonné enfin à Blifil, conduite magnanime et seul espoir de réveiller peut-être la conscience d'un pareil coquin. Il serait un peu fort que tant d'actions utiles et belles eussent moins de poids dans la balance que *trois* femmes légères, auprès desquelles le pauvre garçon a eu le tort de chercher quelque consolation à l'épreuve d'une longue et peut-être éternelle séparation d'avec sa Sophie. C'est jouer sur les mots que de lui chicaner le titre de héros de roman, parce que la faiblesse de la chair n'est pas quelque chose d'héroïque. Fielding a répondu d'avance à cette niaiserie, avec son bon sens habituel, lorsqu'il place sur le passage de Tom la belle et provocante Molly Seagrim : « Elle se comporta de telle sorte, que le jeune homme aurait eu *trop ou trop peu d'un héros*, si ses efforts étaient restés sans succès. » Ni Molly Seagrim, ni la maîtresse du capitaine Waters ne sont des cas pendables, et Sophie, en pleurant, les a eu bientôt pardonnes.

Mais il n'en est pas de même du cas de lady Bellaston. Celui-là, Sophie ne l'aurait peut-être jamais digéré, si l'obéissance filiale n'était venue au secours de l'amour blessé jusque dans l'âme, et si le bonheur de faire enfin plaisir à sa vieille girouette de père par une soumission qui, après tout, n'était pas des plus pénibles, n'avait triomphé de son dégoût. Pour dire la chose dans toute sa crudité, Tom Jones, à Londres, n'avait pas le sou, il était beau garçon, et lady Bellaston était une femme galante, « entrée pour le moins dans l'automne de la vie,.. ayant, en outre, un petit désagrément qui rend certaines fleurs, si belles à l'œil qu'elles soient, peu propres à parfumer l'atmosphère. « Il s'est laissé entretenir quelque temps par cette femme. Si la position d'homme entretenu est, sans contredit, la dernière de toutes, Tom Jones, à ce moment de son histoire, touche le fond même de la dégradation. Il est juste, toutefois, d'ajouter que Fielding le relève beaucoup d'autre part. Peut-être Tom n'a-t-il pas une componction assez profonde ; les grands examens de conscience ne sont guère dans sa nature active et toute en dehors ; mais il se montre plus que jamais utile aux autres et bienfaisant. C'est alors qu'il s'emploie avec tant d'ardeur et de succès au bonheur de la famille Miller par le mariage de Nightingale avec Nancy, et qu'il consacre presque tout son argent, — l'argent de lady Bellaston, — au soulagement d'une pauvre famille. L'argent du vice et du plaisir mis au service de la charité : comme cela ressemble à Fielding et au XVIIIe siècle ! Et comme voilà bien la vertu moyenne de tant d'honnêtes gens, dont la plus haute ambition morale est de tenir avec soin, dans leur livre de comptes, la part faite au bon Dieu quelque peu au-dessus de celle qu'ils laissent au diable !

Que de réflexions suggère un livre comme *Tom Jones* ! Quel monde, non-seulement d'aventures et de personnages, mais d'idées ! Si la plupart des prologues nous ont paru médiocres et inutiles, il n'est presque pas une page de ce roman si vrai et si humain qui ne soit tout imprégnée d'une philosophie pleine de sens et de saveur. Quoi de mieux observé, par exemple, que la conduite de Tom Jones et celle de Nightingale, quand Mrs Miller a raconté la pathétique histoire d'une famille actuellement réduite au dernier dénûment ? Tom, secrètement, remet sa bourse, contenant 50 livres, à Mrs Miller, qui y prend 10 guinées. « Nightingale exprima beaucoup d'intérêt pour l'affreuse position de ces infortunés. Il se récria contre la folie des gens qui répondent pour les dettes d'autrui, se répandit en sévères invectives contre le frère et finit en exprimant le vœu qu'on pût faire quelque chose pour cette malheureuse famille. Madame, dit-il, si vous les recommandiez à M. Allworthy ? ou que penseriez-vous d'une quête ? je donnerai une guinée de tout mon cœur… Au reste, il ne donna rien, car il n'avait fait d'offre qu'en paroles, et comme on ne crut pas devoir faire de quête, il garda son argent dans sa poche. » Cette bonne disposition, non suivie d'effet, pleine d'ailleurs de prudence économique et de toutes sortes de sages réserves, voilà l'image exacte de la charité du monde. Morale, instructive et amusante, l'œuvre de Fielding réunit les qualités classiques des grands ouvrages d'imagination qui seront toujours lus. Je voudrais bien donner un ou deux exemples de la solide valeur d'un comique qui offre beaucoup d'analogie avec celui de Molière. Comme lui, Fielding aime à montrer les brusques contradictions qui éclatent entre les idées et les faits, entre ce que nous disons et ce que nous sommes. Le philosophe

Square démontrant doctement à Tom, qui a le bras cassé, que la douleur n'est rien de réel, se mord la langue au milieu de son discours : il pousse un cri et lâche un juron. Ainsi, dans *Joseph Andrews*, le pasteur Adams, qui vient de faire un beau sermon sur la résignation chrétienne, apprend que son fils est noyé et s'abandonne au plus violent désespoir. De même encore, dans *Amelia*, l'éloge de la constitution anglaise et de la liberté est déclamé avec emphase par un directeur de prison qui est le despote et le tyran des détenus. L'entrepreneur d'un théâtre moral a l'humiliante contrariété de surprendre en flagrant délit de paillardise les personnages de sa troupe. Mais il y a ici plus qu'un contraste plaisant ; il y a la démonstration sensible d'un point très important de la philosophie de Fielding : c'est que l'homme demeure ce que l'a fait la nature, sans que les agens extérieurs, tels, par exemple, qu'un maître ou qu'un livre, puissent rien pour le changer à fond. Il est parfaitement vrai, comme l'a dit M. Taine, que, pour Fielding, « la vertu n'est qu'un instinct, » et que nous naissons bons ou méchans, généreux ou égoïstes, comme le loup naît féroce et le chien affectueux. Le philosophe Square et le théologien Thwackum, qui entreprennent l'éducation de Blifil et de Tom, n'ont pas sur leurs élèves la moindre action morale : l'astuce profonde de Blifil a bientôt transformé en instrumens de ses desseins les maîtres qui croient le diriger ; et, quant à l'influence de Square et de Thwackum sur Tom, on s'en fera une idée juste si on se les représente tous les deux dans la relation où un jour ils se trouvèrent vis-à-vis de lui : le théologien, la poitrine sous ses genoux et rossé à grands tours de bras ; le philosophe, surpris dans le lit de Molly Seagrim.

Tom Jones eut un succès considérable. Lady Montagu écrivit sur son exemplaire : non plus ultra. Les jeunes gens appelèrent *Sophie* leurs maîtresses, et les jeunes filles donnèrent à leurs bien-aimés le nom de *Tom Jones*. En France, le succès fut également grand, quoique, par une pudeur singulière, le gouvernement de Louis XV eût d'abord interdit, comme immoral, le chef-d'œuvre de Fielding. La Harpe le proclama « le premier roman du monde. « Il y eut une pièce jouée au Théâtre-Français sous ce titre : *Tom Jones à Londres*, et un opéra-comique, paroles de Poinsinet, musique de Philidor, où le squire Western chantait l'ariette suivante :

> D'un cerf dix-cors j'ai connaissance.
> On l'attaque au fort, on le lance ;
> Tous sont prêts.
> Piqueurs et valets
> Suivent les pas de l'ami *Jone*.
> Aussitôt j'ordonne
> Que la meute donne.
> Tayaut ! Tayaut ! Tayaut !

Mme du Deffand écrivait à Horace Walpole, le 14 juillet 1773 : « Je viens de relire *Tom Jones*, dont le commencement et la fin m'ont charmée. Je n'aime que les romans qui peignent les caractères bons et mauvais. C'est là où l'on trouve de vraies leçons de morale, et si on peut tirer quelque fruit de la lecture, c'est de ces livres-là ; ils me font beaucoup d'impression ; vos auteurs sont excellons dans ce genre, et les nôtres ne s'en doutent point. J'en sais bien la raison, c'est que nous n'avons point de caractères. Nous n'avons que plus ou moins d'éducation, et nous sommes, par conséquent, imitateurs et singes les uns des autres. » Et encore, le 8 août : « A l'égard de vos romans, j'y trouve des longueurs, des choses dégoûtantes, mais une vérité dans les caractères (quoiqu'il y en ait une variété infinie) qui me fait démêler dans moi-même mille nuances que je n'y connaissais pas… Dans *Tom Jones*, Allworthy, Blifil, Square et surtout Mrs Miller, ne sont-ils pas d'une vérité infinie ? Et Tom Jones, avec ses défauts et malgré toutes les fautes qu'ils lui font commettre, n'est-il pas estimable et aimable autant qu'on peut l'être ? Enfin, quoi qu'il en soit, depuis vos romans, il m'est impossible de lire aucun des nôtres. »

Il est piquant de voir Mme du Deffand prendre la défense de Fielding contre ce freluquet d'Horace Walpole, qui faisait le dégoûté et qui lui avait écrit : « Je n'accorde pas à nos romans le même mérite que vous. *Tom Jones* me fit un plaisir bien mince. Il y a du burlesque, et, ce que j'aime encore moins, les mœurs du vulgaire. Je conviens que c'est fort naturel, mais le naturel qui n'admet pas du goût me touche peu. Je trouve que c'est le goût qui fait le charme de tout ce qui regarde la société… Nos romans sont grossiers.

Dans ceux de Fielding, il y a des curés de campagne qui sont de vrais cochons. » Mme du Deffand plaide pour ce que nous appellerions aujourd'hui le réalisme ou le naturalisme ; mais elle ne trouve pas le mot propre. Elle commence par écrire : « Pourquoi les sentimens naturels ne seraient-ils pas vulgaires ? » Puis elle se reprend : « Il faut que je corrige un endroit de ma lettre ; c'est le mot *vulgaire*. Vous entendez par là des sentimens bas ; en effet, c'est sa signification ; c'est moi qui ai eu tort en le prenant pour des sentimens ordinaires… Malgré tout le goût que vous me supposez pour le romanesque, j'aime mieux les sentimens du peuple que ceux des héros de nos romans. »

La traduction française de Laplace (1750), illustrée par Gravelot, est un curieux exemple du sans-gêne avec lequel les traducteurs du temps jadis traitaient l'original. *Tom Jones*, d'ailleurs, n'est plus à traduire. M. Léon de Wailly s'est parfaitement acquitté de cette tâche dans deux volumes de la Bibliothèque Charpentier, épuisés aujourd'hui et non réimprimés. Il serait bien dommage que les lecteurs français pussent rester longtemps encore sans avoir à leur disposition immédiate un des chefs-d'œuvre du roman, dont la place est marquée dans toutes les bibliothèques au-dessus de *Gil Blas* et à côté de *Don Quichotte*.

V

A l'époque où Fielding fut investi des fonctions de juge de paix pour Westminster et Middlesex, l'état de la police et de la justice anglaise, à peine organisées encore, était voisin de la barbarie. Le soin de maintenir l'ordre dans les rues de Londres était généralement confié à des espèces d'invalides, au sujet desquels notre auteur s'est exprimé dans les termes suivans : « Au lieu de choisir de solides gaillards, pour garder nos rues la nuit, on prend de pauvres vieillards décrépits qui n'ont plus la force de gagner leur vie en travaillant. Ces hommes, armés seulement d'un bâton, que quelques-uns peuvent à peine soulever, ont à protéger les personnes et les maisons des sujets de Sa Majesté contre des bandes entières de malfaiteurs jeunes, hardis, robustes, bien armés et résolus à tout. Que les pauvres vieux prennent la fuite devant de pareils ennemis, cela n'a rien d'étonnant ; le seul miracle est qu'ils échappent. » Si la police était faible et mal organisée, les voleurs, en revanche, avaient une organisation admirable : avec leur capitaine, leurs officiers, leur trésor, leurs espions, leurs alliés secrets, ils opposaient à l'anarchie du pouvoir légal l'union qui fait la force. Le principal talent du capitaine était de se ménager des intelligences dans la police et de se rendre à la fois redoutable et nécessaire en devenant la seule puissance à laquelle pussent recourir utilement les victimes des coquins qu'ils dirigeaient eux-mêmes. Dépositaires des produits du vol, ils entraient en arrangement avec les personnes volées et arrêtaient ainsi les poursuites du public qui, naturellement, trouvait plus avantageux de perdre les deux tiers de sa propriété en traitant avec le chef de bande que le tout en se plaignant à une justice incapable. Parfois même, pour mieux assurer leur autorité de part et d'autre, ils faisaient gracieusement cadeau à la potence de quelque mauvais sujet de leur troupe, insubordonné ou compromettant. Fielding déplore la quantité d'annonces qu'on lisait tous les jours et où les gens essayaient de rentrer en possession de quelque bien dérobé, par la promesse de ne faire aucune enquête. Il raconte que des officiers de justice lui ont avoué plus d'une fois qu'ils avaient passé à côté de certains criminels avec des mandats d'arrêt dans leur poche sans oser mettre la main sur eux. Passe encore quand cette inertie n'était due qu'à la peur ! Mais la police et même les gens de loi étaient souvent de connivence avec le crime, à tel point qu'Horace Walpole osait écrire en 1742 : « Les plus grands criminels de Londres sont les officiers de justice. »

Comme les individus faibles, qui sont capables des plus grandes violences et qui n'ont dans leur conduite aucun équilibre, le code pénal de l'Angleterre était absurde et barbare. Nulle proportion entre l'offense et le supplice. Un simple filou était pendu, un fabricant de fausse monnaie brûlé ; on exécutait une pauvre servante coupable d'avoir dérobé des boucles d'oreilles ou un paysan qui avait coupé un arbre, et George II trouvait cela juste : car, disait-il, un chêne de forte taille est plus précieux qu'une vie humaine ; on refait un autre homme plus vite et plus facilement qu'un beau chêne. Les scènes de prison d'*Amelia* qui nous montrent un soldat blessé moisissant sur la paille humide pour avoir volé trois harengs ; un vieillard, la tête affaissée sur l'épaule de sa fille, mourant là d'épuisement et de misère pour avoir dérobé un pain, ne sont pas une exagération romanesque : en 1749, un nommé Wills expia sur la potence le crime d'avoir antidaté un billet. Une des conséquences de ce beau système était que les voleurs de grand chemin n'hésitaient pas à tuer les gens qu'ils rançonnaient puisque l'assassinat ne leur faisait pas courir de plus grands risques que le vol. Par une autre conséquence naturelle, l'arbitraire remplaçait la justice ; comme on ne pouvait pas en conscience pendre tout le monde, on épargnait souvent, même contre l'évidence, de grands criminels qui auraient mérité la corde, et il n'y avait pas plus d'équité dans les sentences d'acquittement que dans celles de condamnation.

Les juges de paix, qui ne doivent pas être confondus avec les nôtres, paraissent avoir joui d'attributions fort étendues, puisqu'ils pouvaient envoyer les gens non-seulement en prison, mais à la potence. Ils n'avaient pas de salaire fixe, et le nom de *casuel* serait trop poli pour désigner leurs honoraires ; le fait est qu'ils se laissaient tout simplement *graisser la patte*, soit par les plaideurs, dans les cas où un différend était porté devant leur tribunal, soit par les délinquans eux-mêmes ou par les personnes intéressées à les faire relâcher ou pendre. Le peuple les appelait *marchands de justice*, et leurs fonctions passaient pour aussi méprisables que lucratives.

Voilà les fonctions que Fielding accepta, non pour donner un cynique démenti à l'opinion du monde et à des sentimens qu'il avait lui-même déclarés, mais dans une courageuse disposition d'esprit, avec l'espoir sérieux de servir son pays par d'utiles réformes, en même temps qu'il demanderait pour lui et sa famille des ressources modestes et avouables à un métier jusqu'alors lucratif, mais déshonorant. Un de ses prédécesseurs s'y était fait 1,000 livres par an, un autre 500 livres : Fielding, en remplissant avec probité ses devoirs, réduisit volontairement au minimum le plus honnête possible un revenu dont la source, peu catholique sans doute à nos yeux, était autorisée par les mœurs et ne pouvait pas être transformée à son gré. Il en abandonna, d'ailleurs, une grande partie à son greffier, tâchant de se contenter, pour vivre, d'une petite pension que lui faisait le gouvernement, et du fruit de ses travaux littéraires. Il eut l'honneur de rester pauvre dans une place qui avait rapporté 25,000 francs. « En pacifiant, écrit-il, les querelles des mendians et des portefaix au lieu de les envenimer (ce qui, je rougis de le dire, était nouveau alors dans la tradition des juges de paix), et en refusant de recevoir un shilling d'un pauvre diable auquel sans aucun doute il n'en serait pas resté un second, j'avais réduit un revenu annuel d'environ 500 livres sterling de l'argent le plus sale de la terre à 300 livres au plus, dont une partie considérable demeurait aux mains de mon greffier.

En 1749, Fielding fut élu à l'unanimité, par les magistrats de Middlesex, président de leur chambre de justice. A ce titre, il prononça devant le grand jury de Westminster un discours qu'on peut lire dans ses œuvres et que les légistes regardent comme un modèle d'exposition en matière juridique. La seule chose qui nous intéresse aujourd'hui dans ce document, comme dans tous ceux qui témoignent de son activité professionnelle, c'est la gravité imperturbable de Fielding lorsqu'il parle en qualité de juge. On l'a comparé au prince de Galles, dont Shakspeare nous montre l'étonnante volte-face, le jour où il devint roi d'Angleterre et où il dit à son ancien compagnon de débauches, Falstaff : « Vieillard, je ne te connais pas ! » Je le comparerai aussi à Rabelais, si différent de lui-même, selon qu'il écrivait sa farce immortelle, ou qu'il déployait sa haute éloquence dans une question de morale, son érudition profonde dans la discussion d'un point de droit ou de médecine. Fielding nous présente la même antithèse paradoxale, la même puissance extraordinaire de dédoublement et d'abstraction. Est-ce bien le même homme dont les farces licencieuses scandalisaient jadis le public, dont les satires politiques alarmaient le gouvernement, et qui s'élève aujourd'hui avec tant de force contre les spectacles et les mascarades, déplorant un goût effréné pour le plaisir qui détourne les hommes des affaires sérieuses de la vie, et s'écriant : « Ce n'est plus assez de trois théâtres, on en veut maintenant un quatrième, où les mœurs sont blessées en même temps que les lois et où l'on tente de ressusciter tous les abus de la comédie d'Aristophane ! » Un très long travail intitulé : *Enquête sur les causes de la multiplication des voleurs, et propositions faites pour remédier à ce fléau, avec un examen de nos lois sur l'assistance des pauvres et sur la punition des criminels,* nous montre le magistrat philosophe remontant, avec le flair d'un policier sagace et la hauteur de vues d'un moraliste, aux diverses causes du mal. Une des plus funestes est l'abus des liqueurs fortes. Fielding exprime le vœu que l'autorisation de vendre du gin soit limitée aux seuls pharmaciens, et qu'il ne soit plus permis d'en acheter sans un certificat de médecin. Il y a, en tout cas, dit-il, quelque chose à faire, et le premier objet du présent écrit est de réveiller le pouvoir civil de son indifférence léthargique. Les efforts du publiciste ne restèrent pas stériles. En 1751, le parlement fit une loi pour restreindre la vente des spiritueux ; Horace Walpole, juste une fois pour Fielding, rend hommage de cette loi à son initiative dans ses *Mémoires sur les dix dernières années du règne de George II*. Un autre travail, encore plus considérable, a pour titre : *Proposition à l'effet de pourvoir aux besoins des pauvres, d'améliorer leurs mœurs et de les rendre utiles à la société, avec le plan et le devis d'un projet d'asile*. La composition de cet important mémoire fut préparée par d'immenses lectures ; Fielding examina toutes les lois sur les pauvres depuis le temps d'Elisabeth, et le résultat de son enquête fut de proclamer la nécessité d'une réforme complète de la législation. L'approbation des membres les plus éclairés du clergé et de la magistrature récompensa un écrivain qui prenait à cœur l'instruction morale et religieuse des pauvres, et qui remédiait sérieusement au vagabondage par le projet d'une maison de travail, située à la campagne, capable de recevoir 3,000 hommes, 2,000 femmes, et attenante à une maison de correction.

Au milieu de ces graves et absorbans travaux, Fielding poursuivait la composition d'un nouveau roman qui parut en décembre 1751. Deux années seulement séparent *Amelia* de *Tom Jones* ; il semble qu'il y en ait vingt, tant l'auteur a vieilli dans l'intervalle ! Ce n'est pas que son intelligence ait baissé ; ni même que son talent soit en déclin ; mais la jeunesse s'est envolée, emportant avec elle la gaîté, l'imagination, la verve, remplacées par une expérience plus riche et une sagesse plus ferme que jamais. *Amelia* est moins une œuvre d'art qu'un traité didactique mêlé à une confession personnelle sous forme de roman, et on ne devrait pas oublier, en jugeant cet ouvrage, la première phrase de la dédicace à Ralph Allen, qui avait aidé l'auteur de ses conseils et de son argent : « Le présent livre a sincèrement pour but de servir la cause du bien en signalant quelques-uns des maux les plus crians, tant publics que privés, dont souffre notre patrie. » Voilà pourquoi on rencontre dans *Amelia* de longues discussions sur des questions politiques et des problèmes sociaux, qu'il est permis de trouver moins divertissantes que celles du squire Western avec sa sœur, mais qui attestent le grave intérêt que prenait Fielding à ce qui doit être le premier (ou le second) sujet des réflexions de tout homme sérieux. Voilà aussi pourquoi le magistrat de Bow Street nous oblige à passer avec lui de longues heures dans l'atmosphère maussade et malsaine des prisons, où nous pouvons regretter l'air pur et le ciel brillant de *Tom Jones* ; mais il fallait dénoncer en détail de monstrueux abus que Fielding avait observés de près, et dont le pire était sans doute que, dans l'intérieur d'une prison, l'argent pouvait procurer à un criminel toute espèce de facilités, jusqu'à sa délivrance inclusivement, pendant que, faute du shilling nécessaire, un pauvre innocent, oublié là, risquait de succomber à la vermine et à la faim. L'auteur signale en outre les bizarreries de la législation criminelle, et cela peut être fort intéressant, mais d'un intérêt historique ou juridique, qui n'est pas précisément celui qu'on attend d'un roman. Plus étrangères encore au sujet sont certaines conversations littéraires, hors-d'œuvre pédantesques, véritables placages, sans aucune espèce de rapport ni avec l'action, ni avec les acteurs, et où il ne faut voir en effet que de vieux débris de comédies oubliées, utilisés sans façon pour la construction de l'œuvre nouvelle. Enfin, plusieurs scènes sont des souvenirs de la vie de Fielding, et ont, comme documens autobiographiques, un prix incontestable, mais n'ont pas été fondues avec assez de soin dans l'ensemble de la fiction. Pour toutes ces raisons, *Amelia* manque essentiellement d'unité artistique, quelles que soient la beauté et l'importance de la figure centrale.

Le sujet principal du roman est l'histoire d'un ménage pauvre, dans lequel le mari est un honnête homme, bien intentionné, capable de grands repentirs, mais faible, infidèle à son admirable femme et compromettant par ses imprudences le petit budget domestique. Le capitaine Booth est moins sympathique que Tom Jones, quoi qu'en ait dit Thackeray, par la simple raison qu'il est marié, qu'il est plus âgé, et que ses défaillances ne sont point rachetées par des qualités aussi brillantes. Mais il a la componction profonde qui fait un peu défaut au jeune Tom. Amélie est une des plus nobles figures de la fiction, je devrais peut-être dire de la réalité, puisque c'est de sa première femme que Fielding a voulu nous faire le portrait ; mais il a sans doute idéalisé son image, et c'est un monument expiatoire qu'il a, d'un cœur contrit, élevé à la mémoire de celle qu'il avait aimée et fait souffrir. Rien peut-être n'était plus nouveau, plus hardi, plus profondément original dans le roman que cette tendre et respectueuse représentation d'une femme mariée. L'amour, soit avant le mariage, soit hors du mariage, est à peu près le seul qui ait continuellement inspiré les romanciers ou les poètes, et cette vieille tradition était encore favorisée au XVIIIe siècle par les mœurs frivoles d'une société, dont une des élégances consistait à railler l'affection conjugale comme un ridicule bourgeois.

VI

La santé de Fielding déclinait rapidement. A la goutte, son ancienne ennemie, s'étaient joints de nouveaux et plus pressans adversaires, l'hydropisie, la jaunisse et l'asthme. Il n'en continuait pas moins à remplir ses fonctions, ne se ménageant point, même la nuit ; voici, par exemple, ce qu'on lit dans les papiers de police du temps, à la date du 6 mars 1753 : « Ce matin, vers quatre heures, le juge Fielding, averti que plusieurs voleurs de grand chemin étaient au bal masqué, entra dans la salle de jeu avec des officiers de la garde, et obligea tout le monde à se démasquer et à se nommer. Il est probable que les brigands avaient eu vent de sa venue, car aucun d'eux ne fut pris ; mais on trouva sur les tables une quantité de guinées fausses. » Fielding n'était pas insensible au noble orgueil de mourir en servant son pays, et il le laisse percer dans plus d'un passage de ses derniers écrits ; mais l'horreur que sa franche nature avait pour tous les charlatanismes lui a fait assigner tout haut une cause plus modeste à son admirable activité, presque digne du nom d'héroïsme : « Mon ambition est d'acquérir assez de mérite aux yeux du public pour que, si je dois lui faire le sacrifice de ma vie, la reconnaissance populaire mette ma famille à l'abri du besoin. Je n'ai pas la moindre prétention à ce patriotisme romain ou Spartiate, capable de se sacrifier au seul amour de la patrie ; mais cet excès d'amour, je le déclare solennellement, je l'éprouve pour ma famille. » Il avait une fille de sa première femme, et plusieurs enfans de la seconde, à laquelle il rendait un culte non moins ardent qu'à l'autre, et probablement plus fidèle.

Au mois d'août 1753, Fielding, fatigué à mourir par plusieurs longues enquêtes qu'il avait dû faire sur cinq meurtres commis dans l'espace d'une semaine par différentes bandes de voleurs, se préparait à partir pour Bath, sur l'avis de son médecin, quand il reçut un message du duc de Newcastle qui le mandait auprès de lui. N'en pouvant plus, il s'excusa. Mais le duc revint à la charge, et Fielding obéit. Après trois heures d'attente dans l'antichambre, un secrétaire de Sa Seigneurie vint le consulter de la part du gouvernement sur les moyens de mettre un terme immédiat aux attentats contre la propriété et contre les personnes dont la capitale était infestée. Fielding promit de s'occuper du problème. Muni d'abord de l'argent qui est le nerf de la guerre, il soudoya un traître qui s'engagea à livrer toute sa bande entre les mains d'agens fidèles et résolus, choisis tout exprès pour la circonstance. La ville de Londres dut à l'habileté et à l'énergie de Fielding d'être momentanément débarrassée du fléau ; pendant les derniers mois de l'année 1753, il n'y eut pas un seul crime commis dans les rues.

Mais ce suprême effort l'avait achevé. La maladie n'était plus de celles que les eaux de Bath pussent guérir ou seulement soulager ; le soleil du midi restait le seul espoir ou le dernier désir du mourant. On songea d'abord à la Provence ; la fatigue et la dépense d'un voyage sur terre firent renoncer à ce projet, et l'on profita de l'occasion d'un vaisseau marchand en partance pour Lisbonne. Fielding s'y embarqua avec sa fille aînée, sa femme et deux domestiques. Il n'avait plus la force de marcher, il fallut le porter à bord. Il a raconté les incidens de la traversée dans un journal où il ne faut pas chercher des faits très intéressans en eux-mêmes, mais dont l'intérêt paraîtra bien grand aux personnes curieuses de voir comment un philosophe se regardait mourir au XVIIIe siècle, et de mesurer par un seul et frappant exemple l'abîme que Jean-Jacques Rousseau et Chateaubriand, la révolution et le romantisme, le pessimisme et « la grande névrose » ont creusé entre l'antique simplicité et notre étalage moderne. Voilà l'homme normal, vraiment *humain* et vraiment *viril*, aussi admirable lorsqu'il cède à la nature ce qui lui est dû légitimement, que lorsqu'il l'assujettit, à force de gaité et de courage, à la domination de l'esprit.

Deux grossiers personnages pénétrèrent un jour, le chapeau sur la tête, avec une brusquerie insolente, dans la cabine qu'il occupait avec sa femme. Fielding leur demanda qui ils étaient. — « Officiers de la douane, » répondirent-ils, pensant que ce nom devait suffire à frapper les gens d'un respectueux effroi et leur ôter l'envie de faire des questions. Mais Fielding s'informa de leur grade, et l'un d'eux répondit que le « gentleman » son compagnon était inspecteur. — Inspecteur, c'est possible, reprit Fielding ; *gentleman*, c'est une autre affaire : car on n'a jamais vu un gentleman paraître à l'improviste en présence d'une dame, sans faire une excuse et sans même ôter son chapeau. — À ces mots, il ôta son chapeau et le mit sur la table, demandant pardon et blâmant le contre-maître qui avait eu le tort de ne pas l'avertir qu'il y avait dans la cabine des personnes de distinction. Je lui dis que nous étions, en effet, un monsieur et une dame, ayant droit à la politesse, quoique n'ayant point le bonheur d'appartenir à ceux que le monde appelle gens de la haute société et de distinction. J'ajoutai que, puisqu'il avait reconnu son tort et fait des excuses, la dame lui permettait de garder son chapeau, s'il l'avait pour agréable. Il refusa de le reprendre, en jurant entre ses dents, et cela me convainquit que, si je me montrais trop aimable pour lui, il reprendrait bientôt toute sa grossièreté. » Une autre fois, ce fut le capitaine du vaisseau, lui-même, qui lui fit une scène violente au sujet de sa cabine, sur laquelle il prétendait un droit de propriété. Fielding, qui connaissait son homme, assez bon diable au fond sous son écorce rude, et qui savait que les colères d'un vieux loup de mer ne survivent guère à l'ivresse qui les a provoquées, opposa à l'orage la fermeté la plus calme, invoquant seulement la foi des traités et la justice des tribunaux, si les conventions faites n'étaient pas observées. Sur le soir, « sa fureur étant entièrement dissipée, il tomba à genoux et me supplia, un peu trop bassement, de lui pardonner. Je ne pus souffrir de voir un brave homme de son âge rester un instant dans cette posture, et je lui pardonnai immédiatement. Ce n'est pas pour m'attirer l'admiration que je raconte cette histoire, et je décline absolument toute louange ici. Ce ne fut ni grandeur d'âme ni religion chrétienne qui me dicta mon pardon. Pour dire l'exacte vérité, je lui pardonnai, par un motif qui rendrait les hommes beaucoup plus indulgens s'ils étaient plus sages : simplement parce que cela m'était agréable à moi-même. »

Près de l'île de Wight, une tempête faillit perdre le navire et les passagers. Fielding la mentionne et fait cette réflexion : « Ma chère femme et ma fille chérie me pardonneront si l'idée d'une mort, que je ne pouvais pas regarder comme un grand malheur pour moi-même, ne m'a pas non plus beaucoup terrifié à leur sujet : c'est qu'en vérité, elles sont toutes deux si bonnes et si gentilles que je n'aime pas à me les représenter après moi sous la dépendance d'un homme. « Il note avec reconnaissance tous les petits services que lui rendent ces mains pieuses et dévouées. Mais ce qu'il y a de plus admirable dans le *Journal d'un Voyage à Lisbonne*, c'est la force d'esprit et de caractère qui permet à ce philosophe mourant d'oublier ses souffrances, de sortir de lui-même et d'observer avec intérêt tout ce qui se passe autour de lui. Une telle attention aux choses extérieures, dans une pareille situation physique et morale, est la marque d'un classique des anciens temps, d'un sage en paix avec sa conscience et avec l'univers, d'une raison vigoureuse et bien équilibrée, et c'est le miracle le plus incompréhensible pour l'inquiétude infinie de notre personnalité vaniteuse et faible. Fielding reste un joyeux conteur jusqu'à la fin. Il continue à s'amuser de la nature humaine, et il esquisse des portraits, comme celui du capitaine, comme celui de Mrs Francis, la maîtresse d'auberge, qui ressemblent à des notes gaîment recueillies pour un dernier roman qu'il aurait voulu faire.

Il mourut deux mois après son arrivée à Lisbonne, le 8 octobre 1754, âgé de quarante-huit ans. Sa tombe est située sur le flanc d'une colline, au centre du beau cimetière anglais de cette ville.

La calme observation de la réalité, que nous venons de remarquer dans la dernière œuvre de Fielding, est un caractère fondamental de tous ses écrits. Il n'a pas cette ardeur d'imagination qui passionne certains romanciers pour leurs propres créatures, à tel point qu'elles semblent vivre de leur vie. Il reste lui-même en dehors de ses personnages, et malgré l'exception que semblent offrir au premier abord des portraits plus ou moins personnels, comme Tom Jones et le capitaine Booth, s'il est vrai que ce sont ses propres fautes que Fielding a racontées dans leur histoire, il l'a fait plutôt en moraliste qui s'examine et se juge, qu'en poète qui s'identifie amoureusement avec ses héros. Le jugement, dans ce ferme et puissant esprit, conserve toujours la maîtrise sur l'imagination, et c'est par là d'abord qu'il est un écrivain *classique*.

Il l'est aussi par les limites très précises de son horizon intellectuel. A une certaine hauteur où Fielding ne s'est jamais élevé, mais où Goethe, Shakspeare, Cervantes planaient comme dans leur élément, l'homme paraît si petit qu'il devient impossible de prendre beaucoup à cœur ses folies et ses vices ; on y voit moins des violations attristantes ou irritantes de l'ordre, qu'un rôle inconsciemment, mais régulièrement joué dans une comédie éternelle, dont le sage peut se donner l'amusant spectacle, sinon deviner le secret. De là l'indiflerence, ou l'ironie mêlée de pitié, des artistes suprêmes et des grands humoristes. Fielding est un homme de foi et d'action, bien moins contemplatif que pratique, et la fin qu'il se propose comme romancier n'est pas sans avoir beaucoup d'analogie avec celle qu'il poursuivait comme magistrat : il s'agit réellement pour lui d'honorer la vertu, de décourager le vice, de montrer, comme Hogarth dans ses gravures élève pieusement ses enfans, exerce la charité, lutte contre l'indigence par l'ordre, la propreté, l'économie, ramène à force d'amour un mari infidèle, et donne de toutes les vertus domestiques, conjugales et humaines, un exemple qui aura en somme bien plus d'imitateurs que l'autre.

On ne sait en vérité si Fielding est un réaliste ou un idéaliste, et l'on serait tenté de dire, après l'avoir lu, que ces deux mots sont vides de sens. Serait-il un réaliste parce qu'il a choisi pour héros un Jonathan Wild, ou un idéaliste parce qu'il a pris pour héroïne une Amélie ? Mais la seconde, comme le premier, a été trouvée dans la nature, et le premier, comme la seconde, a été idéalisé, c'est-à-dire transformé en type, selon la loi éternelle de l'art. Quant à qualifier Fielding de réaliste simplement parce qu'en montrant les choses comme elles sont, il les a quelquefois appelées par leurs noms, c'est une façon enfantine d'interpréter le mot, et je ne mentionne que pour mémoire ce vieux radotage qui constitue pour bien des gens l'alpha et l'oméga de toute leur critique.

Ce qui est sûr et clair, c'est que Fielding est un grand classique. Walter Scott l'appelle le père du roman anglais, et, en effet, il est une source. Des personnages tels que Sophie et sa suivante, le squire Western, M, s Western, le sergent Atkinson, le major Bath, Amelia, sont évidemment des types primordiaux créés pour être reproduits à une infinité d'exemplaires. Déjà le pasteur Adams passe dans le *Vicar of Wakefield*, et Sterne, si différent de Fielding, subit sa puissante influence. Ce n'est pas Dickens qui a imaginé le premier de faire du roman un instrument de réforme sociale et un organe des griefs populaires. George Eliot lit Fielding avec admiration, quelquefois pour corriger sa morale, plus souvent pour la développer et pour établir sur sa philosophie pleine d'humanité ce grand roman de sympathie et d'amour qui n'est pas d'origine russe. *Amelia* fonde en Angleterre l'honnête roman domestique : personne n'a jamais mieux senti que ce débauché de Fielding le prix des pures affections de foyer qui sont le plus solide appui du bonheur. Mais c'est surtout *Tom Jones* d'où rayonnent comme d'un soleil la santé, la gaîté, la joie. Quelle puissance de vie, s'écrie Thackeray après avoir rudement malmené le héros, quelle puissance de vie a donc une fiction que nous prenons encore si fort à cœur et dont nous discutons passionnément le plus ou moins de moralité !

Sans doute, Fielding ne possède pas tout. Il laissait, notamment, à introduire dans le roman après lui les harmonies de la nature, ces musiques des vents, des ruisseaux, des forêts, que Walter Scott a entendues, ces couleurs charmantes ou magnifiques dont son pinceau a enchanté nos yeux. Fielding n'a pas fait un seul paysage, ni même une seule vraie description. Ce crime, impardonnable au goût de nos modernes, obtiendra une indulgence facile auprès de ceux qui pensent que le pittoresque n'est pas l'objet propre des romanciers, et qui, pour l'avoir trop vu à l'œuvre, le savent indiscret et envahissant à tel point qu'il a bientôt pris toute la place, substituant à la nature morale, qui est l'essentiel, l'accessoire, qui est la nature physique.

L'attention que les descriptifs éparpillent et dispersent sur le décor, sur le spectacle extérieur, Fielding la concentre sur les personnages en scène et sur ce qu'il y a de plus intéressant en eux, le caractère, voulant expliquer à l'esprit chacune de leurs actions par des motifs internes et ne rien accorder au seul amusement de l'imagination. C'est la grande tradition des maîtres classiques. Elle est toujours bonne à suivre, de préférence aux fantaisies et aux rêveries du romantisme, comme au matérialisme superficiel des peintres nouveaux, devenus simples photographes. — Mais je ne veux pas médire du roman contemporain. Il a ses beautés, qui sont admirables. Seulement, lui, non plus, ne possède pas tout ; et ce qui lui manque peut-être principalement, c'est une certaine chose qui, à la vérité, n'est point commune : le sens commun. Fielding peut lui en donner d'utiles leçons. Nous devons en tout cas honorer bien haut, comme M. Leslie Stephen nous y exhorte avec éloquence, une qualité aussi rare chez un de ses représentans les plus éminens.

PAUL STAPFER.

1. ↥ F. Brunetière, *le Roman naturaliste*.
2. ↥ La première fois que nous avons lu quelques fragmens de la scène de Partridge au théâtre, dans un *Essai* de Macaulay qui la cite en partie, nous n'avons pas douté que Partridge ne fût un enfant que ses parens avaient conduit au spectacle.